특급셰프
유희영의
COOK
BOOK

특급셰프 유희영의
COOK BOOK

50여 가지의 소스와 114가지의 레시피로 공개되는
재패니즈 퓨전 셰프의 특급 노하우!

북하우스

prologue

요리,
나를 발견하는 또 하나의 방법.

나는 요리사다.
나는 요리를 창작한다.

먹고 살고자 하는 일이 항상 쉽고 재미있지는 않지만
나는 새로운 것을 만드는 일에 보람과 희열을 느낀다.
지난 십오 년 이상을 현장에서 보냈다. 가장 밑바닥에서부터 시작해 셰프가 될 때까지…….
어릴 때부터 손으로 만드는 것을 좋아했던 나는 곧 요리를 시작했고 그 매력에 빠져들었다. 훌륭한 스승을 만나 많은 것을 배우고 특급호텔과 정통 일식레스토랑에서 20대의 젊은 시절을 보냈다. 지난 세월을 주방에서 미쳐 지냈지만 내가 할 수 있는 것은 너무 적다는 것을 알았다. 나는 더 많은 것을 요리하고 싶었지만 내가 했던 일식요리의 벽은 다른 분야와는 타협하지 않았다.
"원래 요리라는 건 인간이 자연을 거부하는 행위에서 시작된 건 아닐까?"
"그렇게 자연이 완벽하다면 요리가 뭐가 필요하겠어? 그냥 들판의 풀을 뜯어 먹고 가축은 생식을 해야지."
변하지 않는 메뉴와 해마다 반복되는 계절요리에 점점 재미를 잃었고 매너리즘에 빠졌다. 뜨겁게 사랑한 열병의 흔적만큼이나 나를 방황하게 했다.
"어차피 인류가 자연에게 순응했다면 요리라는 것은 존재하지 않을지도 모르는 일 아니겠어?"
"그래, 요리는 '당연히 그러한 것'을 받아들이지 못했기 때문에 발전했던 거야!"
2000년 재패니즈 퓨전이라는 새로운 요리를 시작했다. 재료의 규제도 없었고 방식의 규제 또한 없었다. 일본식 재료나 소스를 이용해 새로운 나만의 레시피를 만들었다. 그리고 점점 나만의 스타일이 생겼으며 자연스럽게 창작요리에 눈을 떴다. 당시 내가 느낀 창작은 '무한의 자유'였으며 새로운 길의

도전이 아닌 새로운 길을 만드는 것이었다.

많은 문화적 체험, 예술적 경험을 갖는 것, 그리고 그것이 몸에 배이고 쌓이면 진정으로 창작을 할 수 있다고 믿는다.

그렇게 만들어진 요리는 나의 분신이고 영혼이며, 내 자신이 그대로 녹아든 또 하나의 '나'다.

책을 내겠다는 생각으로 일 년을 준비했다.

책을 준비하고 있다는 얘기를 했을 때 가까운 지인들로부터 '레시피와 지난 십수 년의 노하우가 함부로 공개되면 안 된다.'는 고마운 충고를 종종 들었다. 그러나 꼭 그렇게 생각할 일은 아니다.

레스토랑에서 긴장을 하고 논쟁을 하던 사람들도 내가 요리나 재료에 관한 이야기를 꺼내면 모두 논리로 무장한 무기를 내려놓고 식욕 충만한 얼굴로 순진하게 맞장구를 치기 시작한다. 이 책은 그렇게 내가 풀어놓은 요리만큼이나 사람들에게 먹는 즐거움과 만드는 즐거움, 그리고 문화적 화제를 얻게 된 즐거움을 줄 것이고 다시 나에게 고객으로 기회를 줄 것이다.

contents

04 • prologue

PART 1 SALAD

14 • **로메인레터스와 블루치즈드레싱 샐러드** 신선한 채소인 로메인레터스와 깊은 숙성의 맛을 지닌 블루치즈드레싱의 조화
16 • **연어 타다키와 타라곤흑초드레싱 샐러드** 고소한 연어 타다키에 톡 쏘는 타라곤흑초드레싱을 버무린 샐러드
18 • **시저 튜나 샐러드** 겉만 살짝 구운 참치 타다키를 시저드레싱에 버무려 야채와 함께 먹는 샐러드
20 • **광어카르파초와 루콜라 샐러드** 광어회와 잘 어울리는 와사비소야드레싱을 이용, 상큼한 발사믹드레싱에 버무린 루콜라
22 • **메로 유비키 샐러드** 끓는 물에 살짝 데친 메로를 미소드레싱에 버무려 무, 당근과 함께 즐기는 샐러드
24 • **소프트셸크랩과 검은깨소스 샐러드** 튀긴 소프트셸크랩과 고소한 검은깨드레싱이 만난 웰빙 무 샐러드
26 • **타이스타일의 해산물 샐러드** 타이의 쏨탐 스타일로 피시소스와 여러 가지 향신야채 드레싱으로 버무린 해산물 요리
28 • **우메보시드레싱의 주꾸미 샐러드** 매콤하게 구운 주꾸미와 새콤한 우메보시드레싱의 조화
30 • **석화튀김과 무 샐러드** 튀긴 석화와 멸치, 무를 상큼하고 개운한 유자폰즈와 함께 즐기는 샐러드
32 • **미소드레싱의 치킨 샐러드** 튀긴 닭가슴살에 미소드레싱을 곁들인 뜨거운 샐러드
34 • **모차렐라치즈와 토마토 샐러드** 모차렐라치즈와 토마토에 발사믹드레싱을 곁들인 대표적인 샐러드
36 • **비프 소이 샐러드** 구운 쇠고기 등심과 데리야키소스에 살짝 볶은 야채를 곁들인 샐러드
38 • **소프트도후(연두부) 샐러드** 튀긴 연두부와 다양한 버섯을 이용한 뜨거운 샐러드

40 • **에피소드 1** 주방에 발을 들여놓다
44 • **에피소드 2** 좋은 재료는 그 자체로 훌륭한 요리다

PART 2　FISH

48 • **민물장어 라이스페이퍼 롤** 데리야키소스에 구운 민물장어를 더운 물에 불린 라이스페이퍼에 말아서 만든 애피타이저
50 • **민물장어로 말은 아스파라거스** 민물장어 속에 아스파라거스를 넣고 말아 튀긴 다음 간장에 졸인 요리
52 • **가지 장어 롤** 장어로 가지를 말아 튀기고 모로미소스를 뿌린 요리
54 • **복어 가라아게** 청양고추와 오이를 곁들인 복어양념튀김과 매콤새콤한 초간장소스의 조화
56 • **복껍질 무침** 복어 껍질을 살짝 데쳐 미나리, 파와 함께 초고추장에 버무린 무침 요리
58 • **아귀간찜과 유자폰즈** 일본의 고급 요리 중 하나인 아귀간찜에 구운 야채와 유자폰즈를 곁들여 더욱 맛있는 요리
60 • **메로구이와 케일볶음** 소금을 뿌려 구운 메로에 화이트와인을 뿌리고 케일볶음을 곁들여 담백하게 만든 요리
62 • **메로 된장구이** 된장소스에 마리네이드한 메로를 오븐에 구운 구이
64 • **메로와 순무 간장조림** 튀긴 메로를 데리야키소스에 굴려 짜지 않게 만들고, 순무와 새콤한 쑥갓 무침을 올린 요리
66 • **도미카르파초와 시소드레싱** 얇게 썬 도미회에 일본 깻잎을 갈아 만든 드레싱을 곁들인 요리
68 • **도미머리 간장조림**(아라다키) 일본식 도미머리 간장조림
70 • **옥도미 갈릭버터구이** 갈릭버터를 발라가며 구운 옥도미 구이에 무시래기 볶음을 곁들인 요리
72 • **전어 난반스케** 가을의 별미, 구운 전어에 뿌려진 새콤달콤한 난반스
74 • **참치 타다키와 아보카도무스** 겉만 살짝 구운 참치 타다키와 부드러운 아보카도무스
76 • **튜나 타르타르** 참치와 아보카도, 발사믹비네거에 마리네이드한 토마토를 동그랗게 쌓아 만든 타르타르
78 • **연어구이와 기미소스** 구운 연어 위에 계란노른자로 만든 새콤한 소스와 연어알을 올린 요리
80 • **고등어 초절임회** 식초와 소금에 절인 싱싱한 고등어 회와 그 위에 뿌려진 홀스래디시와 실파
82 • **대구 술찜** 대구와 중합 위에 청주를 뿌려 만든 일본식 술찜
84 • **아쿠아 코드** 찐 대구 위에 새콤한 유자폰즈를 뿌리고 야채 무침을 올린 요리

86 • **에피소드 3** 장인의 손맛
90 • **에피소드 4** 결정적 순간을 결정적으로 만들어내다

PART 3 PRAWN, CRAB, CUTTLEFISH

- 94 • **주꾸미 가라아게** 양념튀김한 주꾸미에 발사믹드레싱으로 버무린 루콜라를 곁들여 먹는 요리
- 96 • **문어 포도씨오일 유비키** 새콤한 폰즈소스를 곁들인 생문어에 포도씨오일을 뜨겁게 달궈 뿌려 먹는 요리
- 98 • **문어 스프링 롤** 라이스페이퍼에 문어와 닭고기를 넣고 말은 스프링 롤과 새콤한 우메보시소스
- 100 • **낙지 와사비** 산낙지를 와사비, 쯔유로 버무리고 생야채와 곁들여 먹는 요리
- 102 • **오징어순대와 성게알 소스** 찹쌀과 된장을 양념해 속을 채운 오징어순대에 성게알을 첨가한 기미스를 곁들인 요리
- 104 • **가리비 버터구이** 가리비와 아스파라거스, 브로콜리를 넣고 간단하게 볶아 만든 애피타이저
- 106 • **소프트셀크랩 난반스케** 소프트셀크랩과 감자를 튀겨 난반스를 뿌린 새콤달콤한 튀김요리
- 108 • **소프트셀크랩과 녹두당면 찜** 피시소스에 버무린 녹두당면을 냄비에 넣고 그 위에 소프트셀크랩을 올려 찐 찜요리
- 110 • **포트와인소스의 스위트 크랩** 크림에 조린 킹크랩살과 곁들여진 포트와인소스
- 112 • **에스카르고스타일의 전복구이** 전복을 다듬고 납작하게 썰어 버터와 파슬리, 빵가루를 넣고 구운 에스카르고식 전복구이
- 114 • **가쓰오지의 소라구이** 찐 소라를 야채와 함께 썰어 다시 소라 속에 채우고 가쓰오 국물을 부어 먹는 요리
- 116 • **애비신죠** 새우를 갈아 만든 찜과 블루베리소스
- 118 • **미소소스를 곁들인 대하구이** 새우 위에 야채를 곁들인 미소소스를 바르고 오븐에 구운 요리
- 120 • **칠리새우** 튀긴 새우를 매콤하고 달콤한 칠리소스에 굴려 만든 새우 요리
- 122 • **크림 쉬림프** 튀긴 새우를 부드럽고 새콤한 크림소스에 굴려 만든 새우 요리
- 124 • **갈릭 소이 쉬림프** 피시소스와 굴소스로 볶은 아스파라거스와 새우볶음
- 126 • **내리미소소스의 새우와 아스파라거스** 새우와 아스파라거스에 곁들여진 미소소스를 통해 재료의 풍미를 느낄 수 있는 요리
- 128 • **가쓰오국물의 새우완자탕** 새우를 갈아 찐 완자(오뎅)를 만들어 가쓰오다시물에 끓인 완자탕
- 130 • **그릴드 랍스터와 아스파라거스** 구운 바닷가재에 뿌린 허브크림소스
- 132 • **석화와 홀스래디시와인소스** 겨울철 별미 신선한 석화에 곁들인 홀스래디시와인소스
- 134 • **대합소금구이** 대합 위에 소금을 바르고 구운 소금구이

- 136 • **에피소드 5** 내가 먹은 초밥
- 140 • **에피소드 6** 요리에 왕도는 없다

PART 4　MEAT

- 144 • **쇠고기 타다키** 겉만 살짝 구운 채끝등심을 얇게 썰고 유자폰즈를 곁들인 깔끔한 맛의 쇠고기 전채요리
- 146 • **갈릭 스테이크** 숯불에 구운 안심과 구운 마늘, 토핑된 마늘칩이 잘 어우러지는 요리
- 148 • **안심과 거위간 네기스테이크** 부드러운 육질을 자랑하는 푸아그라와 안심을 이용한 스테이크
- 150 • **이시야키 스테이크** 뜨거운 돌판 위에 직접 구워 먹는 채끝등심과 야끼니꾸타래
- 152 • **칠리소이소스의 일본식 삼겹살(부타 가꾸 니)** 일본식 소스로 끓인 삼겹살 수육에 매콤한 소이소스와 대파채를 곁들여 먹는 요리
- 154 • **차슈무침(부타 가꾸 아에)** 차슈(일본식 수육)를 고추기름과 식초에 버무려 만든 요리
- 156 • **항정살 간장조림** 항정살을 우엉채, 생강과 함께 데리야키소스에 넣고 끓여 야채를 곁들여 먹는 조림
- 158 • **항정살 모로미소야키** 항정살을 보리된장에 마리네이드하고 오븐에 구워서 구운 가지와 함께 먹는 요리
- 160 • **그릴드 그린 포크** 녹차와 올리브오일에 마리네이드한 돼지 목살을 숯불에 구운 요리
- 162 • **아쿠아 돈가스** 양상추와 오이 등 야채를 듬뿍 곁들인 웰빙 돈가스
- 164 • **갈릭 돈가스** 마늘을 갈아 만든 사워갈릭소스를 뿌려 완성한 갈릭 돈가스
- 166 • **바비큐소스 립** 매콤한 바비큐소스를 발라 오븐에 구운 립(rib)과 감자의 조화
- 168 • **레드와인에 마리네이드한 치킨** 레드와인에 마리네이드해서 담백하게 만든 치킨에 데리야키소스, 태국고추 등을 첨가
- 170 • **치킨 데리야키** 데리야키소스로 구운 치킨 요리와 가니시
- 172 • **만다린 치킨** 만다린소스에 마리네이드한 치킨을 파인애플과 함께 구운 구이

- 174 • **에피소드 7**　오른손이 한 일을 왼손이 모르게 하라
- 178 • **에피소드 8**　프로 vs 아마추어

PART 5　OTHERS

- 182 • **치즈 도후** 두부 속에 치즈를 넣어 굳히고, 발사믹드레싱으로 버무린 새우와 토마토를 토핑한 요리
- 184 • **아게도후와 조갯살** 전분을 입혀 튀긴 두부와 매콤하게 볶은 조갯살의 만남
- 186 • **자연송이 구이** 송이의 향을 은은하게 느낄 수 있는 송이 구이
- 188 • **자연송이 볶음** 여러 가지 야채와 버터, 청주로 함께 볶아 송이의 맛을 더욱 진하게 한 요리
- 190 • **일본식 계란 찜(자완무시)** 생선, 닭고기, 어묵 등을 넣고 부드럽게 찐 일본식 계란찜
- 192 • **오코노미야키** 해산물과 삼겹살을 산마로 반죽해 만든 오사카식 오코노미야키
- 194 • **푸아그라 샌드위치** 살짝 구운 푸아그라와 야채, 상큼한 소스가 빵과 함께 조화를 이룬 메뉴
- 196 • **덴푸라** 갓 튀긴 덴푸라에 전용 소스인 덴다시를 찍어먹는, 전형적인 일본 요리의 풍미를 느낄 수 있는 메뉴

- 198 • **에피소드 9**　칼
- 202 • **에피소드 10**　나를 버리고 또 다른 나를 받아들이다

PART 6 RICE

- 206 • 치킨 데리야키 리조토 일식의 데리야키와 이태리식 리조토를 혼합한 퓨전 요리
- 208 • 장어 데리야키 덮밥 데리소스를 발라 구운 장어를 밥 위에 올린 덮밥
- 210 • 송이 덮밥 자연송이를 덮밥소스에 끓여 밥 위에 올린 덮밥
- 212 • 차슈 덮밥 차슈를 얇게 썰어 밥 위에 올리고 실파를 송송 썰어 뿌린 덮밥
- 214 • 가쓰동(돈가스 덮밥) 튀긴 돈가스를 야채와 함께 데리야키소스로 끓여 밥 위에 올린 덮밥
- 216 • 연어차스케 밥에 뜨거운 오차(녹차)를 부어 말아 먹는 오차스케에 연어를 첨가한 것
- 218 • 복죽 복어의 뼈와 살을 끓이고 뼈를 건져낸 물에 야채와 된장을 넣어 끓인 죽
- 220 • 참치 덮밥 간장에 마리네이드한 참치를 올린 찌라시스시
- 222 • 초밥 밥을 짓고 혼합초를 섞어 초밥을 만드는 전 과정
- 224 • 트레저 아일랜드(A style) 보물섬을 연상시키는 화려하고 볼륨감 있는 롤
- 226 • 빅보스 롤(C style) 부드러운 소스와 풍부한 토핑이 들어간 롤
- 228 • 샤이니 데이 롤(B style) 미니파인애플과 방울토마토가 올라가 달콤하면서 상큼한 맛의 롤
- 230 • 소이 포테이토 롤(A style) 튀긴 감자와 데리야키소스, 와사비소야드레싱이 어우러지는 롤
- 232 • 볼케이노 롤(A style) 화산이 폭발하는 모양으로 매콤한 맛의 롤
- 234 • 그린 필드 롤(B style) 키위와 요거트소스, 연어알이 올라간 상큼한 맛의 롤
- 236 • 키스 미 롤(B style) 새우로 말아 입술모양을 내고, 스위트칠리소스를 뿌린 롤
- 238 • 알래스카 롤(C style) 연어를 겉에 말아 토치로 한 번 굽고 그 위에 치즈가루를 뿌린 롤
- 240 • 소프트셸 롤(B style) 부드러운 게맛살을 매콤한 스리라차칠리소스에 버무려 토핑한 롤
- 242 • 블루마운틴 롤(C style) 모차렐라치즈와 블루베리소스를 얹은 롤
- 244 • 골든벨 롤(C style) 관자살 위에 뿌린 모차렐라치즈와 노란 체다치즈가 고급스러운 맛을 느끼게 하는 롤

- 246 • 에피소드 11 복어의 독
- 250 • 에피소드 12 MSG(화학조미료)
- 254 • 에피소드 13 자존심에 상처 받다

PART 7 NOODLE

- 262 • **돈코츠 미소라멘** 대파채와 차슈(일본식 수육)가 들어간 무난한 맛의 미소라멘
- 264 • **돈코츠 부추라멘** 부추김치를 듬뿍 올려 우리 입맛에 맞춘 간장양념 라멘
- 266 • **야키우동** 여러 가지 신선한 해산물과 야채, 면을 데리야키소스로 볶은 우동
- 268 • **고추장소스 야키우동** 여러 가지 신선한 해산물과 야채, 면을 고추장소스로 볶은 우동
- 270 • **우동** 황태와 간장을 이용해 우리 입맛에 맞춘 우동
- 272 • **냉우동** 시원한 국물이 일품인 냉우동
- 274 • **나가사키 짬뽕** 일본 나가사키 지역에서 알려진, 고춧가루가 들어가지 않고 닭육수로 만든 개운한 맛의 짬뽕
- 276 • **소바** 여름철 별미인 시원한 소바
- 278 • **데리야키소스와 소면** 소면을 쫄깃하게 삶아 찬물에 담궈 쯔유를 찍어 먹는 요리
- 280 • **해산물 베이컨 볶음면** 면과 함께 각종 해산물과 야채, 베이컨을 오코노미야키소스로 볶아 간편하게 먹는 요리

- 282 • **에피소드 14** 절제의 미학
- 286 • **에피소드 15** 가장 기억에 남는 고객
- 290 • **에피소드 16** 시대를 역행하는 요리

PART 8 DESSERT

- 294 • **흑미 아이스크림** 검은 쌀로 만든 웰빙 아이스크림
- 296 • **그린티 아이스크림** 가루녹차를 계란흰자, 생크림과 섞어 만든 고급 수제 아이스크림
- 298 • **아이스크림 튀김** 아이스크림에 반죽을 입혀 튀긴 특별한 디저트
- 300 • **양갱** 팥앙금을 만들어 한천으로 굳힌 양갱
- 302 • **티라미수** 마스카포네치즈로 만든 부드럽고 풍부한 맛의 티라미수
- 304 • **블루베리 요거트** 요거트파우더와 블루베리를 섞어 믹서에 갈아 만든 음료
- 305 • **홍차소다** 홍차에 탄산수를 섞어 만든 음료

- 306 • **에피소드 17** 독일에서 온 손님
- 310 • **에피소드 18** 나만의 스타일로 요리하다

- 312 • **sauce & basic** 요리에 놀라운 생기를 불어 넣는 유희영표 특급 소스 52
- 326 • **epilogue**

이 책의 이해를 위한 팁

- 계란(대란) 1개 60g, 50ml | 오이 1개 250g | 양파 1개 240g | 토마토 1개 280g | 레몬 1개 즙 60ml, 4Tbs | 생강 1개 20g
- 1Tbs(테이블스푼)은 15ml, 1tsp(티스푼)은 5ml, 가정에서 사용하는 숟가락은 보통 10~12ml이다. 자판기용 종이컵은 225ml이다.

PART 1 샐러드

메인 메뉴에 들어가기 전, 신선한 설렘으로 다가오는 애피타이저 개념의 샐러드. 해산물과 육류, 두부 등 다양한 주재료와 야채를 이질감 없이 묶어주는 소스를 사용해 야채의 아삭함과 풍미를 최대한 살렸다.

SALAD

로메인레터스와
블루치즈드레싱 샐러드

블루치즈는 뽕뽕 뚫린 구멍이 특색 있는 치즈로, 부드러운 질감과 독특하고 자극적인 냄새가 특징이다. 이 메뉴는 만드는 방법이 간단해 빨리 만들 수 있고, 프레시한 로메인에 깊은 맛을 내는 드레싱의 조합이 꽤 근사하다. 실제 레스토랑에서는 약속시간보다 일찍 도착해 입이 심심한 고객과 식사 후 간단하게 맥주 한잔 마시려는 고객, 식탁에 음식은 다 떨어졌는데 술이 조금 남았을 때 비상안주 등으로 요긴하게 쓰인 요리다.

주재료 ● 로메인레터스 3송이
양념소스류 ● 블루치즈드레싱(p.318 참조) 100ml
가니시 ● 차이브 20g ● 라임 1/2개

01 로메인레터스는 겉에 지저분한 잎은 떼어버리고 세로방향으로 반으로 쪼갠다.
02 로메인레터스를 찬물에 헹구고 소쿠리에 옮겨 물기가 빠지게 한다.
03 접시에 로메인레터스를 겹쳐 놓고 블루치즈드레싱을 중앙에 뿌린다.
04 차이브를 5cm 길이로 썰어 자연스럽게 흩어놓고 라임은 가로방향으로 반으로 쪼개서 옆에 곁들인다.
tip 로메인레터스와 블루치즈드레싱은 각각 어느 요리에나 잘 어울릴 수 있는 무난한 재료다. 특히 블루치즈드레싱은 고소한 야채나 튀김에도 잘 어울린다.

연어 타다키와
타라곤흑초드레싱 샐러드

콜레스테롤을 줄이고 혈관벽을 강하게 하여 고혈압이나 동맥경화에 좋다고 알려진 흑초. 흑초를 자주 마시면 피로회복과 숙취해소에 효과가 있고 변비를 예방해 체지방을 감소시키는 것으로 알려져 있다. 최근 건강 음료로 각광받고 있는데, 특히 그대로 마셔도 위벽을 손상시키지 않는다고 하여 더욱 인기이다. 흑초는 일반 식초보다 단맛이 강하고 자극이 약해 드레싱으로 제격이다.

주재료 • 연어 180g • 무 70g • 당근 30g • 파프리카 30g • 영양부추 25g • 크레송 50g
양념소스류 • 타라곤흑초드레싱(p.324 참조) 60ml • 오리엔탈드레싱(p.321 참조) 2Tbs • 크러시드페퍼 1Tbs
가니시 • 핑크페퍼 10개

01 무는 껍질을 벗기고 채칼로 5cm 길이로 채 썰어 찬물에 두세 차례 헹구고
   물기가 빠지도록 소쿠리에 담는다.
   당근도 5cm 길이로 채 썰어 찬물에 헹구고 물기가 빠지도록 한다.
   영양부추는 5cm 길이로 자른다.
   파프리카는 3cm 길이로 최대한 얇게 채 썬다.
   크레송은 굵은 줄기와 누렇게 시들은 잎을 따서 버리고 찬물에 담갔다가 사용 전에 소쿠리에 옮긴다.
02 연어는 1.5~2cm 두께로 만들어 소금 간을 한 다음 3시간 정도 재웠다가 물에 살짝 씻는다.
   파이팬에 크러시드페퍼(통후추를 거칠게 간 것)를 담고 위의 연어를 파이팬에 올린 다음
   살살 눌러가며 크러시드페퍼가 붙도록 한다.
   프라이팬에 기름을 두르고 가열한 다음 위 연어를 넣어 겉 2mm 정도만 익히고,
   연어를 꺼내 도마에서 5mm 두께로 자른다.
03 접시에 1에서 준비한 크레송을 깔고 2의 연어를 담는다.
04 오리엔탈소스를 숟가락으로 퍼서 연어 위에 올린다.
   1에서 준비한 무, 오이, 영양부추를 모두 섞어서 연어 위에 소복하게 담고 그 위에
   타라곤흑초드레싱을 뿌린다.
05 파프리카를 요리의 끝에 세우고 핑크페퍼를 자연스럽게 흘린다.

시저 튜나 샐러드

일식에서 생선회를 이용한 샐러드는 쉽지 않다. 신선한 야채와 등푸른생선회가 만나면 비린 맛이 나기 때문이다. 정통일식에서 창작 요리로 전향하고 처음 부딪힌 고민도 바로 이 부분. 고민하던 중 시저드레싱에 들어가는 멸치젓(안초비)이 참치회의 비린맛과도 이질감이 없다는 점에 착안, 개발하게 된 요리이다.

주재료 ● 참치 150g ● 양상추 45g ● 겨자잎 15g ● 치커리 10g ● 라디치오 10g ● 비타민 10g
양념소스류 ● 참깨 ● 검은깨 ● 크러시드페퍼 ● 시저드레싱(p.319 참조) 45ml ● 와사비소야드레싱(p.322 참조) 30ml
가니시 ● 무순 약 40개 ● 날치알 1Tbs ● 튀긴 마늘 1/2컵

01 따끈한 물 1리터에 소금 32g을 넣고 냉동참치를 2분 정도 담근 다음
씻으면서 건져 접시에 담아 해동한다.

02 마늘을 0.5mm 이하의 두께로 얇게 자르고 흐르는 물에 여러 차례 헹군 다음 체에 걸러 물기를 턴다.
약한 온도의 기름(160도)에 천천히 마늘을 튀긴다.
뜨거운 기름에 마늘을 넣으면 기포가 심하게 올라오는데 기포가 점점 줄어 거의 올라오지 않을 때
마늘을 건지면 바삭한 마늘튀김을 만들 수 있다.

03 파이팬에 참깨(1Tbs), 검은깨(1Tbs), 크러시드페퍼(1.5Tbs)를 섞고
그 위에 해동한 참치를 굴리면서 살살 눌러주면 참치의 겉면에 깨와 후추가 골고루 묻는다.

04 뜨겁게 달군 팬에 식용유를 두른 후 3의 참치를 굴리면서 빨리 구워 겉만 살짝 익힌다.
이때 주의할 점은 팬을 뜨겁게 달궈야 한다. 만약 뜨겁지 않은 팬에 오랜 시간 구웠다면
참치의 중앙까지 열기가 침투해 참치의 색이 누런색이나 회색으로 변하기 때문이다.

05 참치를 냉장고에 넣고 식힌 다음 0.7cm 두께의 9조각으로 자른다.

06 믹싱볼에 믹스샐러드를 넣고 시저드레싱에 버무려 시저샐러드를 만든 다음 접시 중앙에 놓는다.

07 샐러드 주변에 참치를 3쪽씩 3군데로 나누어 놓고 참치 위에 와사비소야드레싱을 지그재그로 뿌린다.

08 접시 중앙의 시저샐러드 위에 날치알과 무순을 올리고 튀긴 마늘을 뿌린다.

tip 냉동참치는 염수해동법을 이용해 해동한다. 30도의 물 1ℓ에 소금 32g을
녹인 물을 만들어 담그는 방법이다. 보통 '스테이크' 용도로 판매되는 200g의 붉은살참치는
2~3분간 식염수에 담갔다가 물기를 닦아 냉장고에서 해동시킨다.

광어카르파초와
루콜라 샐러드

처음 선보였을 당시 기대 이상의 반응을 얻었던 메뉴. 쌉쌀한 루콜라에 새콤한 발사믹비네거가 곁들여져 씹을수록 고소하면서 오묘한 맛을 낸다. 또한 루콜라가 생선의 비린 맛을 억제해 날 생선을 못 먹는 분들에게도 그만.

주재료 ● 광어 12조각(180g) ● 루콜라 60g
양념소스류 ● 와사비소야드레싱(p.322 참조) 30ml
　　　　　　발사믹드레싱 (p.317 참조) 50ml
가니시 ● 핑크페퍼 10~15개 ● 비트 소량

01 루콜라를 적당한 길이(10cm)로 잘라 찬물에 헹구고 소쿠리에 담아 물기를 뺀다.
02 비트는 껍질을 벗기고 채칼을 이용해 4cm 길이로 채 썬다.
　 채 썬 비트를 물빠짐이 없을 때까지 여러 차례 헹군다.
03 광어는 횟감을 준비하고 우스쯔꾸리(얇게 썰기)로 썬다.
　 (만약 본인이 회를 준비하기 어렵다면 활어 구입처에서 썰어 달라고 주문하면 가능하다.)
04 접시에 3번에서 준비한 광어 12조각을 깔아 준다.
05 광어 위에 와사비소야드레싱을 튜브에 담아 지그재그로 뿌리고 버무린 루콜라를
　 접시 가운데 가지런하게 놓는다.
06 믹싱볼에 발사믹드레싱 50ml를 넣고 고루 섞은 다음
　 1번의 적당한 크기로 자른 루콜라를 넣고 버무린다.
07 루콜라를 광어 위에 가지런히 올린다.
08 핑크페퍼 10알을 고루 뿌리고 루콜라의 중앙에 비트를 올린다.
tip 흰살생선으로 루콜라를 싸서 먹는 가장 맛있는 방법.
　 쫄깃한 생선과 향긋한 소스, 자극적인 루콜라의 맛이 잘 어울리는 요리다.

메로 유비키 샐러드

살이 매우 부드럽고 상하기 쉬운 메로는 조리할 때 특별히 주의해야 하며, 구입 후 가능한 빨리 조리하는 것이 좋다. 일본의 미식가들에게 특히 인기가 좋은 생선이며 회나 구이로 많이 사용한다. 캐나다나 미국에서는 훈제로 먹는 경우가 많다.

주재료 ● 메로 120g ● 무 70g ● 당근 25g
양념소스류 ● 미소드레싱(p.316 참조) 45ml ● 에그비네거소스(p.321 참조) 30ml
가니시 ● 실파 30g ● 비트 5g ● 단호박 ● 크레송 30g

01 메로를 살짝 해동해서 채를 썬다.(0.5×0.5×7cm)
02 메로를 스테인리스 체에 펼쳐 놓고 끓는 물을 부어서
   겉만 살짝 익힌 다음 얼음물에 담가 기름을 뺀다.
03 무와 당근을 5cm 길이로 돌려깎기하고 도마 위에 넓게 펴 어슷하게 썬다.
   그리고 찬물에 담가 무와 당근의 즙을 뺀다.
04 메로와 무, 당근을 모두 건져 체에 따로 담아 물기를 제거한다.
05 접시에 크레송을 올리고 미소드레싱을 뿌린다.
06 그 위에 메로를 놓고 옆에 무, 당근, 단호박을 놓는다. 그리고 에그비네거소스를 뿌린다.
07 실파를 뿌리고 채 썬 비트를 올린다.

소프트셸크랩과
검은깨소스 샐러드

흔히 깨소스를 깨의 일본어 고마를 사용하여 고마드레싱, 고마다래로 부르기도 하는데, 정식으로 만들려면 꽤 어렵다. 손으로 깨를 빻아 가루로 만들고, 그 가루에서 기름이 나올 때까지 네다섯 시간 정도 공을 들여야 하기 때문이다. 그렇다고 믹서에 갈면 쓴 맛이 나기 때문에 안 된다. 하지만 부드럽고 고소한 그 환상적인 맛 때문에 어쩔 수 없는 노릇이다.

주재료 ● 소프트셸크랩 2마리 ● 무 60g ● 당근 20g ● 크레송 20g
양념소스류 요거네즈(p.322 참조) 2Tbs ● 피클 1Tbs ● 검은깨소스(p.313 참조) 4Tbs
가니시 ● 비트 소량 ● 무순 소량 ● 다진 실파

01 냉동된 소프트셸크랩을 완전 해동시킨 다음 1/2로 자른다.
02 피클은 다져서 요거네즈와 섞는다.
03 당근과 무를 5cm 길이로 자르고 돌려깎기한 다음 도마 위에 길게 펼쳐 사선으로 자른다.
04 재단한 당근과 무를 얼음물에 헹궈 무의 매운맛을 제거한다.
　　이때, 당근과 무가 찬물에 들어가 육즙이 빠지면서 탄력을 갖게 된다.
05 소프트셸크랩은 전분에 살짝 버무려 175도의 기름에 튀긴다.
06 접시의 중앙에 4번에서 만든 리본야채를 쌓는다.
07 리본야채 가장자리에 검은깨소스를 1Tbs씩 놓고
　　그 위에 튀긴 소프트셸크랩을 반으로 잘라 한 조각씩 올린다.
08 리본야채 위, 아래에 2번의 소스를 뿌린다.
09 무순, 다진 실파, 리본 비트(3번과 같은 방법)를 올린다.
tip 소프트셸크랩은 완전해동하고 튀겨야 바삭함을 유지할 수 있다. 그렇지 않다면 튀김이 눅눅하게 된다.
　　깨소스를 편하게 이용하고 싶으면 '아다리고마' 라고 불리는 시중에 캔 제품으로 판매되는
　　100% 갈은 깨를 사용하거나, 맛이 비슷한 땅콩버터를 사용하기도 한다.

타이스타일의 해산물 샐러드

웰빙 열풍과 함께 에스닉푸드 인기가 높다. 베트남 쌀국수를 비롯한 동남아 음식이 주 요리로, 기름 사용은 줄이고 채소를 많이 넣어 먹는 게 특징이다. 현지어로 '얌운센 탈레' 라고도 하는데 얌은 무침, 운센은 녹두당면, 탈레는 해산물을 뜻해 '해산물과 당면무침' 이라는 태국의 대표적인 무침 요리로 만든 샐러드가 된다.

주재료 ● 칵테일새우 40g ● 홍합 3~4개 ● 갑오징어 40g ● 주꾸미 60g ● 돼지고기 다짐육 2Tbs ● 운센(녹두당면) 60g ● 양파 40g ● 오이 40g ● 셀러리 30g ● 양상추 40g

양념소스류 ● 얌드레싱(p.320 참조) 80ml ● 레몬 1/4개 ● 월계수잎 2장 ● 마늘 20g ● 얇게 저민 생강 15g ● 양파 80g ● 통후추 2tsp

가니시 ● 비트

01 냄비에 레몬 1/4개, 월계수잎 2장, 마늘 20g, 얇게 저민 생강 15g, 깍뚝썰기 한 양파 80g, 통후추 2tsp을 넣고, 물 1리터를 부은 다음 20분 동안 끓인다.
(야채의 맛이 물에 잘 우러나게 만드는 과정이다.)

02 해산물을 다듬는다. 갑오징어는 바깥쪽에 칼집을 넣고 2×5cm 크기로 어슷하게 재단하고, 주꾸미는 3등분 한다.

03 해산물(갑오징어, 주꾸미, 새우, 홍합)을 1의 끓는 물에 삶는다.
해산물을 건져내고 돼지고기 다짐육(민찌)을 넣고 다시 삶는다.

04 운센은 끓는 물에 삶아 찬물에 헹구고, 서로 붙지 않도록 올리브오일을 살짝 뿌려 버무려 놓는다.

05 각각의 샐러드 채소를 손질한다. 오이는 반달 모양으로 썰고 양파는 길게 채 썬다.
셀러리는 어슷하게 얇게 썰고, 양상추는 손으로 뜯는다.

06 야채와 운센을 믹싱볼에 담고 얌드레싱으로 버무려 접시에 담는다.
그리고 믹싱볼에 해산물을 담고 얌드레싱으로 버무려 접시의 야채 위에 올린다.

07 3의 삶은 돼지고기 다짐육을 위에 올리고 비트를 올린다.

tip 사람들이 얌운센과 쏨탐을 혼돈하는 경우가 많은데 얌운센은 당면무침, 쏨탐은 그린파파야를 절구에 넣고 고추와 함께 찧어 피시소스와 강한 허브를 곁들인 요리로 우리의 김치와 비슷하다.

27

우메보시드레싱의
주꾸미 샐러드

'우메보시'는 일본식 매실 절임이다. 덜 익은 매실을 골라 하룻밤 물에 담가 쓴맛을 제거한 다음 소금과 함께 항아리에 절여 만드는 것으로 특유의 새콤달콤함이 특징. 우메보시로 드레싱을 만들어 뿌리면 특유의 새콤함이 샐러드를 맛깔스럽게 만들어준다.

주재료 ● 주꾸미 150g ● 운센(녹두당면) 50g ● 양상추 45g ● 라디치오 10g ● 치커리 15g ● 겨자잎 10g
　　　　● 비타민 10g ● 알파파(새싹) 소량
양념소스류 ● 우메보시드레싱(p.322 참조) 45ml
가니시 ● 파마산치즈 7g ● 핑크페퍼 10~15개

01　양상추 40g, 라디치오 10g, 치커리 15g, 겨자잎 10g, 비타민 15g을 손으로 뜯어
　　찬물에 헹군 다음 소쿠리에 옮겨 담아 물기를 뺀다.
02　운센을 끓는 물에 삶아서 찬물에 식힌다.(올리브오일에 버무려 서로 붙지 않도록 보관한다.)
03　주꾸미는 작은 것은 2등분하고 큰 것은 3등분을 해서 깨끗하게 씻는다.
04　주꾸미를 믹싱볼에 담은 다음 소금 1/2tsp, 청주 1/2Tbs, 후추 약간, 다진 마늘 1.5tsp,
　　생강즙 1.5tsp을 넣고 버무려 팬에 굽는다.
05　삶은 운센과 1번의 믹스샐러드를 믹싱볼에 담고 우메보시드레싱으로 버무린다.
06　접시의 아래쪽에 야채를 담고 그 위에 버무린 야채를 올린 다음
　　가장자리에 구운 주꾸미를 놓아 전체적으로 드레싱을 뿌린다.
07　샐러드의 중앙에 알파파를 올리고 파마산치즈와 핑크페퍼를 자연스럽게 뿌린다.

석화튀김과 무 샐러드

무 샐러드는 덴푸라(밀가루를 묽게 반죽해 튀긴 튀김)에 곁들임으로 시작한 메뉴다. 가늘게 썬 무채에 유자폰즈를 뿌리고 튀긴 멸치와 실파를 올린 것인데 덴푸라의 고소하고 바삭한 맛과 잘 어울렸다. 서비스 메뉴임에도 고객들의 반응이 너무 좋아 나중에는 요금을 받고 판매할 정도였고, 겨울에는 석화튀김(덴푸라)에 올려 정식 메뉴로 판매했다.

주재료 ● 석화 6개 ● 무 100g ● 잔멸치 20g ● 실파 15g ● 무순 약간 ● 적양파 40g ● 감자 전분 1/2컵
　　　　　튀김가루 1/4컵
양념소스류 ● 유자폰즈(p.323 참조) 60ml
가니시 ● 레몬껍질 레몬 1/4개 분량

01 석화 6개를 껍질을 떼어 버리고 염도 1% 소금물에 씻는다.
02 무는 4~5cm 길이로 채 썰고 찬물에 헹궈 매운맛을 없앤다.
　　실파는 3cm 길이로 썰고, 적양파는 4~5cm 길이로 채 썰어 찬물에 헹궈 매운맛을 없앤다.
　　레몬껍질은 1cm 길이로 채 썬다.
03 멸치는 물에 헹궈서 짠맛과 이물질을 제거하고 체에 거른다.
　　예열된 160도의 기름에 멸치를 넣고 튀겨서 파이팬에 담고 설탕을 뿌린다.
04 전분과 튀김가루는 1:1 비율로(각각 1/4컵) 섞어 놓는다.
05 물 500ml+계란노른자 1개+레몬 1/4개를 섞어 튀김용 계란물을 만들어 냉장고에 차게 보관한다.
06 계란물 1/2컵과 4번 1/2컵을 섞어 반죽한다.
07 파이팬에 마른 전분을 담고 석화를 그 위에서 굴려 전분을 묻힌 다음,
　　6번의 반죽을 입혀 175도의 기름에 튀긴다. (p.196 덴푸라 참조)
08 믹싱볼에 무, 적양파, 실파를 넣고 고루 섞은 다음 오목한 접시에 담는다.
09 유자폰즈를 야채 위에 뿌리고 3에서 튀긴 멸치를 올린 다음 그 위에 석화를 올린다.
10 레몬껍질은 얇게 벗기고 1cm 길이로 가늘게 채 썬 다음 2등분한 무순과 함께 고루 뿌린다.

  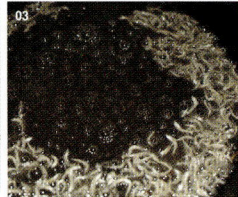   

미소드레싱의 치킨 샐러드

일본 된장을 일컫는 미소는 우리 된장에 비해 싱겁고 냄새가 약하며, 단맛이 강한 것이 특색. 때문에 샐러드드레싱으로 쓰기에 적합하다. 간혹 된장으로 만든 드레싱에 거부반응을 보이는 분들이 있는데, 은은한 된장의 향과 튀김의 콜레스테롤을 억제하는 영양을 생각해 한번쯤 참아보는 게 어떨까.

주재료 ● 닭가슴살 120g ● 오이 90g ● 양파 50g ● 감자 100g ● 감자전분 1/4컵 ● 튀김가루 1/4컵
양념소스류 ● 미소드레싱(p.316 참조) 60g

01 오이는 채칼을 이용해 채를 만들고 찬물에 헹궈 소쿠리에 담아 물기를 제거한다.
02 양파는 얇게 썰어 찬물에 헹구고 소쿠리에 담아 물기를 제거한다.
03 감자는 채칼을 이용해 채를 만들어 찬물에 담근 다음 전분을 제거한다.
04 전분(감자전분 100%)과 튀김가루는 1:1의 비율로 섞는다.(각각 1/4컵씩 섞는다.)
05 닭가슴살은 얇게(3mm 두께) 포를 떠 준비한다.
06 물 500ml+계란노른자 1개+레몬 1/4개를 섞어 튀김용 계란물을 만들어 냉장고에 차게 보관한다.
   (p.196 덴푸라 참조)
07 6번의 계란물과 4번의 가루를 각각 1/2컵씩 섞어 반죽을 준비하고,
   포 뜬 닭가슴살은 마른 전분을 묻히고 반죽을 입혀 175도의 기름에 튀긴다.
08 3번에서 만든 감자채의 물기를 털어 170도의 기름에 튀긴다.
09 접시에 튀긴 닭가슴살을 놓고 그 위에 1번 오이를 둥글게 말아 올린 다음 2번의 양파를 올린다.
   그 위에 미소드레싱을 지그재그로 고루 뿌린다.
10 튀긴 감자를 수북하게 올려 마무리한다.
tip 미소드레싱은 무침요리나 회를 찍어 먹는 소스로 이용해도 좋다.

모차렐라치즈와
토마토 샐러드

모차렐라치즈와 토마토를 이용한 대표적인 샐러드. 가장 만들기 쉬우면서도, 가장 맛있는 샐러드 중 하나일 것이다. 일본식 데리야키소스의 깊고 풍부한 맛과 발사믹 비네거의 상큼한 맛, 올리브오일의 부드러운 맛이 조화를 이루었다. 발사믹드레싱은 보편화되기 오래전 만든 것인데, 졸인 간장과 발사믹 비네거의 환상 궁합에 꽤 놀란 기억이 있다.

주재료 ● 프레시 모차렐라치즈 1개(약 125g) ● 토마토 1개(230g) ● 바질 10g 파프리카 40g
양념소스류 ● 마늘 2쪽 ● 발사믹드레싱(p.317 참조) 60ml ● 파마산치즈 15g

01 토마토 꼭지의 반대쪽에 십자 모양으로 깊지 않게 칼집을 넣고, 토마토를 집게로 집어서 불에 직화로 굽는다. 토마토 껍질이 타면서 살짝 익으면 찬물에 넣어 껍질을 벗긴다.
02 모차렐라치즈는 사각(1.5cm 크기의 정육면체)으로 자른다.
03 토마토와 파프리카도 모차렐라치즈처럼 1.5cm 크기의 사각형으로 자른다.
04 바질은 가늘게 채 썬다.
05 마늘은 강판에 곱게 간다.
06 2, 3, 4를 모두 믹싱볼에 담는다. 그리고 5의 간 마늘을 넣고 발사믹드레싱으로 버무린다.
07 버무린 샐러드를 접시에 담고 파마산치즈를 갈아 뿌린 다음 위에 채 썬 바질을 골고루 뿌린다.

비프 소이 샐러드

주재료에 등심을 사용해 한 끼 식사 대용으로도 충분하게 만든 샐러드. 이 요리는 데리야키소스를 조금 첨가한 야채볶음과 구운 등심 그리고 강한 발사믹리덕션으로 염분을 대체한 효과를 얻을 수 있는 뜨거운 샐러드다. 겨울철 찬 야채가 입에 맞지 않을 때 제격이다.

주재료 • 등심 100g • 청경채 3뿌리 • 시금치 3뿌리
　　　　 가지 1.2개 • 새송이버섯 1개
양념소스류 • 데리야키소스(p.315 참조) 1Tbs
　　　　　 발사믹리덕션(p.318 참조) 30ml
　　　　　 다진 마늘 1tsp • 버터 1tsp
가니시 • 실파찹(chop) 소량 • 알파파(새싹) 소량
　　　　샬롯 소량(대파의 흰 부분을 사용해도 된다.)

01　청경채는 세로로 길게 자르고 큰 잎은 가로로 반 자른다. 시금치는 반으로 자르고,
　　가지와 새송이는 삼각 깍뚝썰기로 썬다. 실파는 쫑쫑 썰어 찹을 하고 샬롯은 얇게 썬다.
　　(샬롯이 구하기 힘들다면 대파의 흰 부분을 얇게 원형으로 썰어도 된다.)
02　등심은 한 쪽이 15g 정도가 되도록 자른다. (3cm×5cm×2mm 크기)
03　뜨겁게 달군 팬에 기름을 두르고 가지와 새송이, 다진 마늘과 시금치, 청경채를 넣고 볶는다.
　　데리야키소스를 넣고 몇 차례 굴려준다.
　　마지막으로 버터를 넣고 불에서 내려놓는다.
04　등심을 숯불 또는 팬에 살짝 굽는다.
05　접시에 볶은 야채를 올리고 구운 등심으로 야채를 덮은 다음 발사믹리덕션을 지그재그로 뿌린다.
06　실파찹과 알파파를 뿌려 마무리한다.

소프트도후(연두부) 샐러드

부드러운 두부와 센 불에 살짝 볶은 야채, 그리고 강하지 않은 소스가 서로 궁합을 잘 맞춰 조화를 이룬 요리다. 고기만 좋아하고 야채를 싫어하는 어린이들에게 얇게 썬 쇠고기 대신 다짐육을 사용해 야채와 함께 볶으면 영양식으로 매우 좋다.

주재료 ● 연두부 1/2모 ● 느타리버섯 35g ● 숙주나물 65g ● 팽이버섯 1/2봉 ● 양송이버섯 2개
● 표고버섯 1개 ● 파프리카 40g ● 양파 30g ● 쇠고기 120g
양념소스류 ● 닭육수 90ml ● 데리야키소스 15ml ● 굴소스 15ml ● 전분 1/3컵 ● 계란 1개
● 튀김가루 1/4컵 ● 다진 마늘 1/2tsp
가니시 ● 크레송 40g ● 깨 1tsp

01 전분(100%감자전분)과 튀김가루는 1:1의 비율로 섞는다.(각각 1/4컵씩 섞는다.)
02 물 500ml+계란노른자 1개+레몬 1/4개를 섞어 튀김용 계란물을 만들어
   냉장고에 차게 보관한다.
03 2번의 계란물과 1번의 가루를 각각 1/2컵씩 섞어 반죽을 준비한다.
04 파이팬에 전분을 두른 다음, 연두부를 숟가락으로 큼직하게 퍼서 파이팬의 전분에 묻히고
   3의 반죽에 담갔다가 175도의 기름에 튀긴다.
05 파프리카는 1cm×4cm 크기로 자르고, 양파도 같은 사이즈로 썬다.
   느타리버섯은 잘게 찢는다. 표고버섯, 양송이버섯은 2mm 두께로 얇게 썬다.
   쇠고기는 얇게 썰고, 숙주나물과 크레송은 잘 다듬는다.
06 팬에 기름을 두르고 팬이 달궈지면 쇠고기를 넣고 볶는다.
   다진 마늘을 조금 넣고 느타리버섯과 팽이, 표고, 양송이, 양파, 숙주나물 등을 넣고 볶는다.
07 닭육수와 데리야키소스, 굴소스를 섞어 끓인 다음
   물전분(전분과 물을 1Tbs씩 동량으로 섞어 준비한 것)을 풀어 걸쭉하게 한다.
08 접시에 6번에서 만든 야채볶음을 담은 다음 4번의 튀긴 두부를 올린다.
   그리고 7번의 소스를 전체적으로 뿌리고, 크레송을 수북이 쌓아 마무리한다.

내가 요리를 꿈꾸기 시작한 것은 스무 살 무렵이었다. 나는 나만의 레스토랑을 열고 싶었다. 나는 마음속으로 몇 년 뒤 내가 운영하게 될 레스토랑의 그림을 그렸다. 그리고 그 꿈을 이루기로 결심했다.

주방에 발을 들여놓다

내가 요리를 꿈꾸기 시작한 것은 스무 살 무렵이었다. 당시 나는 독서실을 운영하고 있었는데, 그 일은 나의 적성에 맞지 않았다. 나는 나만의 레스토랑을 열고 싶었다.

'스탄 게츠의 색소폰 연주나 안토니오 카를로스 조빔의 보사노바풍 재즈가 흘러나오고 할로겐 조명이 테이블 위를 비추는 곳, 그리고 하얀 접시에 담긴 손대기조차 아까운 음식들과 웨이터의 절제된 서빙이 있는 곳……'

나는 마음속으로 몇 년 뒤 내가 운영하게 될 레스토랑의 그림을 그렸다. 그리고 그 꿈을 이루기로 결심했다.

먼저 요리를 배우기로 마음먹고 무작정 유명한 일식 레스토랑을 찾아갔다. 주방을 관장하는 부장님을 찾아가 허드렛일도 좋으니 제발 받아만 달라고 애원을 했다. 젊은 놈이 참 겁도 없다고 생각했는지, 아니면 얼마나 버티나 두고 보자라고 생각했는지 부장님은 나를 주방으로 데려갔다. 그리고 광대뼈가 튀어나온 마른 체형의 요리사를 소개해주었다. 그는 자기를 K선배라고 부르라고 했다.

지하 세탁실로 데려가 조리복과 앞치마, 위생 모자를 지급 받고 옷을 갈아입은 나는 주방을 돌며 스태프들과 인사를 나눴다. 정신없이 분주한 주방을 돌아다니며 20여 명의 조리사들에게 차례대로 똑같은 내용과 말투로 인사를 반복했다. K선배는 각 구역에서 하는 일과 조리도구, 냉장고와 선반에 있는 재료의 위치를 설명했다. 어찌나 빨리 설명을 하는지 내가 그의 설명을 이해하는지는 아랑곳하지도 않는 것 같았다. 그가 나에게 설명을 하는 동안에도 다른 요리사들은 K선배에게 잔심부름을 시켰고, 그는 큰 소리로 대답하고 빠른 몸놀림으로 일을 처리한 후 다시 내게로 와서 다시 속사포처럼 설명을 쏟아댔다.

오전 열한시 반, 점심 영업이 시작되자 모든 사람이 자신의 위치에 서서 마치 시계 속의 톱니가 정확하게 돌아가 시곗바늘을 움직이듯 들어온 주문에 맞춰 음식을 만들었다. 포스프린터에 주문이 인쇄되면 조리장이 메뉴를 외치고, 중간중간 코스 요리의 시간에 맞춰 메뉴명을 외치면 해당 담당자는 메뉴명을 다시 외쳐 답을 대신했다. 그 소리에 맞춰 칼판(재료준비 파트)에서 재료를 준비해 그것을 각 파트에 넘기면 끓이고 튀기고 굽는 과정이 이어졌다. 이런 과정이 모두 끝나면 모리다이(재료를 그릇에 담는 파트)에서 다시 취합해 주문의 순서에 맞게 음식을 홀로 내보냈다.

나는 분주하게 움직이는 사람들 사이에서 어찌할 바를 모르고 이리저리 부딪쳤다. 나에게 말을 걸어주거나 눈을 마주쳐줄 여유조차 없어 보였다. 그들에게 아무것도 모르는 주방의 신참은 거추장스러운

존재일 뿐이었다. 앞뒤, 좌우로 계속 부딪치면서 점점 구석으로 밀려난 나는 한 시간이 지난 후에는 냉장고와 벽 사이의 모서리에 몸을 움츠리고 서 있었다.

오후 한시가 되자 주문은 계속 들어왔지만 그 기세가 한풀 꺾였다. 그제야 K선배는 나를 주방 옆의 사무실로 데려가서 내가 해야 할 일을 알려주었다.

"희영 씨가 해야 할 일은 구매과와 메인 주방에 가서 식자재를 받아 오는 거야."

나는 K선배를 따라 전표를 작성한 후 큰 카트를 밀고 지하 구매팀으로 갔다. 이미 먼저 온 다른 주방의 사람들이 순서를 기다리고 있었다. 나는 순서를 기다려 구매과, 검수과, 메인 주방을 거쳐 필요한 식자재를 가득 싣고 2층에 있는 일식당 주방으로 올라왔다.

그사이 벌써 두 시간이 훌쩍 지나 세시가 되어 있었다. 매운탕에 사용할 복어를 잡는 일을 끝낸 다섯 명 정도의 조리사가 K선배에게 네시가 되면 복어를 체에 건져 물기 빼고 열 개로 포션하라고 지시했다.

오후 네시까지 칼판에서 준비해야 할 일들을 배웠다. K선배는 두 시간가량 흐르는 물에 담겨 있던 복어를 건져 체에 담으면서, 복어에는 여러 종류가 있는데 이건 까치복이고 사시미용으로 사용하는 참복은 다음에 볼 수 있을 거라고 했다.

"희영 씨, 뒤에 있는 두루마리 비닐을 열 개 만들어 복어를 각각 같은 양으로 담으세요. 비닐은 칼로 자르고 한쪽 끝을 묶어서 봉지로 만들면 돼요."

복어를 포션하는 일을 나에게 맡긴 선배는 쌀을 씻고 다음 날 연회에서 사용할 참치를 해동했다.

나는 주방의 작은 사무실 입구에 있는 나무통을 열어 수십 자루의 칼 중 가장 끝에 있는 사시미칼을 꺼내 비닐을 잘랐다. 두 겹으로 된 비닐은 한쪽 끝을 묶으면 봉지형태가 됐다. 복어를 열 개로 나누어 담는 일이 끝날 즈음 로커로 내려갔던 선배들이 돌아왔다.

그런데 무슨 일인지 주방장의 화난 목소리가 들려왔다.

"누가 내 칼 건드렸냐?"

순간, 정적이 흐르고 다들 두리번거리기 시작했다. 나는 아차 하면서 구석에서 조용히 손을 들었다.

"제가 비닐 자르느라……."

주방장은 당장 나에게로 다가와 내 왼쪽 가슴을 두세 번 거세게 밀었다.

"야! 이 건방진 새끼야! 어디 겁 없이 주방장님 칼에 손을 대!"

"죄송합니다. 제가 신참이라 잘 몰라서 그랬습니다."

결국 나는 또다시 주방 구석으로 밀려나게 됐다. 주방장의 서슬 퍼런 기세에 누구도 나에게 신경조차 쓰지 않았다. K선배가 나를 힐끗거리기는 했지만 그 역시 나를 도와줄 수 있는 위치는 아니었다. 곤혹스러웠다. 계속 구석에 서 있으려니 다리도 아프고 허리와 어깨도 쑤셔왔다. 실수로 주방장 칼 좀 썼다고 이렇게 사람을 무시하나 싶어서 서럽기까지 했다. 당장 앞치마를 벗어던지고 집에 가버릴까 하는 생각도 들었다. 이 순간 몇 년 뒤에 운영할 레스토랑의 꿈같은 건 문제가 되지 않았다.

그때 누군가가 내 손에 고무장갑을 쥐어주었다. K선배였다. 그는 내 옆으로 와서 청소하는 순서를 가르쳐줬고 나는 지푸라기라도 잡는 심정으로 그에게 고마워하며 열심히 청소를 했다.

시간이 어떻게 흘렀는지도 모르게 밤이 오고 퇴근시간이 되었다. 옷을 갈아입고 있는데 선배 두 명이 어깨를 두드리며 나에게 수고했다며 내일 보자고 했다. 나는 '내일부터는 안 나올 거예요'라고 속으로 대답하며 집으로 갔다.

그러나 전날의 결심과는 달리 나는 그 뒤에도 계속 레스토랑에서 일을 하게 되었다. 밤에 집으로 돌아온 내가 요리 배우는 것을 그만두겠다고 하자 아버지께서는 그만두겠다고 떳떳하게 말하고 오라고 하셨다. 나는 일단 다음날도 출근을 했다. 그만두겠다고, 당당하게 말하고 나오리라 생각했다. 그런데 그 기회가 오지 않았다. 그렇게 하루, 이틀이 지나고 이왕 이렇게 된 거 한 달 채우고 월급만 받고 그만둘까 라는 생각이 들었다. 그런데 그 한 달이 두 달이 되고 석 달이 되었다.

좋은 재료는 그 자체로
훌륭한 요리다

좋은 맛을 내는 가장 쉬운 방법을 꼽으라면, 나는 주저하지 않고 좋은 재료를 사용하는 것이라고 말하겠다. 어떤 이들은 좋은 재료를 사용하면 누구나 맛있는 요리를 만들 수 있지 않느냐, 나쁜 재료로 맛있게 만들어야 실력 있는 셰프가 아니냐 하며 반문할 수 있겠지만 그것과는 다른 이야기다.

질 좋은 재료는 그 자체로 좋은 요리가 될 수 있다. 신선하거나 육즙이 많거나 튼실한 좋은 재료를 사용하면, 재료 본연의 맛이 풍부하기 때문에 과다한 양념이나 화학조미료의 도움이 필요 없다. 실제로 고급 레스토랑은 양념과 화학조미료의 사용을 자제하고 주재료의 맛을 상승시켜주는 소스나 양념만을 소량 사용한다. 그러나 값싸고 저급한 재료를 사용하는 식당은 맵고 짜고 단맛이 나는 화려한 양념을 사용하면서 주재료의 얕은맛을 감추려 한다. 예를 들면 오랫동안 냉동 보관한 생태로는 양념이 많이 들어간 매운탕을 끓일 수는 있지만 양념이 필요 없는 지리를 끓이면 비린 맛이 나고 냉동고에서 육즙이 건조되어 시원한 맛도 부족하다.

> 질 좋은 재료는 그 자체로 좋은 요리가 될 수 있다. 신선하거나 육즙이 많거나 튼실한 좋은 재료를 사용하면, 재료 본연의 맛이 풍부하기 때문에 과다한 양념이나 화학조미료의 도움이 필요 없다.

조미료를 사용한다는 것은 조리사로서 자존심이 상하는 일이다. 음식에는 천연재료 자체의 깊은 맛이 존재하는데 그 맛을 살리지 못한다면 문제가 있는 조리사라는 뜻이다. 얕은맛을 내는 재료를 대체한 화학조미료를 사용하면 원재료의 맛에서는 점점 더 멀어진다.

실력 없는 셰프가 재료에만 신경 쓴다는 말도 잘 몰라서 하는 이야기다. 적정한 가격의 좋은 재료를 볼 수 있는 혜안을 기르기란 쉽지 않은 일이며, 좋은 재료를 최상의 상태로 보관하는 노하우 역시 만만치 않다. 한순간의 실수로 값비싼 재료를 버릴 수 있기 때문이다.

물을 잘 맞춰 지은 고슬고슬하고 기름진 밥, 금방 버무려 양념이 살아 있는 울긋불긋한 겉절이, 신선한 야채를 썰어 넣은 구수한 된장찌개로 완성된 소박한 밥상은 가짓수만 많고 겉보기에만 요란한 찬이 오르는 한정식집에서 느끼는 허전함의 진실을 느끼게 해준다.

좋은 재료는 그 자체로 훌륭한 요리가 될 수 있지만, 아무리 훌륭한 주방장이라도 나쁜 재료에서는 이미 사라져버린 좋은 맛을 끌어낼 수 없다.

PART 2 생선

장어, 복어, 아귀, 메로, 도미, 전어, 참치, 연어, 고등어, 대구 등 요리 재료로 쓸 수 있는 대부분의 생선을 사용해 조림과 튀김, 찜 등 다양한 방식으로 구현해낸 피시 파트. 애피타이저로 먹을 수 있는 간단 요리에서부터, 메인 메뉴로도 훌륭한 수준급 요리까지 선택의 폭이 넓다.

FISH

민물장어 라이스페이퍼 롤

이 요리는 태국의 '뽀삐아사보이'에서 아이디어를 얻었다. 뽀삐아사보이는 더운물에 불린 라이스페이퍼에 새우, 과일, 채소를 넣고 말아 땅콩소스에 찍어 먹는 요리. 이 요리는 코스의 전채 요리로 적당해 여러 종류의 재료를 사용해 응용할 수 있다. 데리야키소스를 바른 구운 장어와 고소하고 매콤한 맛을 내는 루콜라를 곁들여 조화를 이뤘다.

주재료 ● 라이스페이퍼 1장 ● 양념장어 1/2마리(60g) ● 루콜라 30g ● 오이 40g ● 양파 35g ● 생강 1쪽(약 20g) ● 대파(흰 부분) 40g

양념소스류 ● 데리야키소스(p.315 참조) 20ml

가니시 ● 핑크페퍼 10~15알

01 장어는 데리야키소스를 바르며 굽거나 혹은 냉동된 양념장어를 사용한다.
   냉동된 장어를 사용할 경우 1.5cm넓이로 길게 잘라 전자레인지에 데우면 된다.
02 루콜라는 깨끗하게 씻는다.
   오이는 돌려깎기해서 채 썰고 물에 헹군다. 그리고 체에 쏟아 물기를 뺀다.
   양파는 얇게 슬라이스하고 물에 여러 차례 씻어 매운맛을 제거한다.
   생강은 가늘게 채 썰어 물에 씻는다.
03 대파 흰 부분은 채를 썰어 찬물에 헹구고 175도의 기름에 튀긴다.
04 라이스페이퍼를 더운물에 불린다. 오래 담그면 라이스페이퍼가 찢어질 수 있으므로 딱딱한 부분만 없어지면 바로 건진다.
05 라이스페이퍼의 중앙에 1과 2의 재료를 넣고 김밥처럼 만다.
06 라이스페이퍼 롤을 김밥처럼 6쪽으로 자른 다음 접시에 담는다.
07 데리야키소스를 전체적으로 뿌린다.
08 튀김대파를 위에 얹고 핑크페퍼를 뿌린다.
tip 라이스페이퍼는 물에 완전하게 불었을 때 보다 조금 덜 불었을 때 사용하는 것이 좋다. 완전하게 불은 라이스페이퍼는 쉽게 찢어지기 때문이다.

민물장어로 말은 아스파라거스

이 요리는 일본의 유명한 장어요리에서 힌트를 얻었는데 원래는 조린 우엉에 장어를 사선으로 길게 말아 굽거나 졸인다. 나는 우엉 대신 아스파라거스를 사용했고 장어를 겹으로 두껍게 말아 예쁜 모양을 만들었는데 부드러운 장어와 항긋한 아스파라거스가 잘 조화된 요리다.

주재료 ● 장어 250g(수산물 도매시장에서 살아있는 장어 1kg에 4마리 올라가는 것들로 준비한다.)
아스파라거스 2개 ● 전분 2Tbs
양념소스류 ● 데리야키소스(p.315 참조) 60ml ● 맛술(미림) 180ml
가니시 ● 고구마 약 50g ● 생강 1쪽(약 10g)

01 장어는 1kg에 4마리 정도의 크지 않은 사이즈로 준비해 흐르는 물에 씻어 핏물을 뺀다.
02 장어를 칼로 긁어 이물질을 떼어내고 뼈는 모두 제거한다. 하얀 살 쪽으로 깊고 촘촘한 칼집을 넣는다.
03 장어에 소금, 후추 밑간을 하고 마른 전분을 얇게 골고루 묻힌다. 그리고 장어를 2등분한다.
04 장어를 껍질이 위로 보이게 놓고 아스파라거스를 장어 위에 가로방향으로 올리고 만다.
05 4번을 조리용 실을 이용해 튼튼하게 묶거나 이쑤시개로 풀어지지 않도록 고정시킨다.
06 장어를 165도의 기름에 튀긴다.
07 데리야키소스와 맛술을 1:3의 비율로 섞고 끓여 알코올을 날려 보낸 다음
졸여서 걸쭉하게 되면 튀긴 장어를 넣고 굴리면서 조린다.
08 장어를 건져 묶었던 실을 풀고 3조각으로 자른다.
09 고구마를 얇게 슬라이스 해서 튀겨낸다.
10 고구마를 접시에 깔고 장어를 그 위에 올린 다음 데리야키소스를 골고루 뿌리고 생강채를 올린다.
tip 튀긴 장어뼈를 말려 튀긴 요리를 '나카호네' 라고 하는데, 바싹 말린 장어의 뼈를 기름에 튀긴 다음
설탕을 뿌리면서 다시 약한 불에서 볶아 만드는 요리다. 장어요리에 장식용으로 쓰면 좋다.

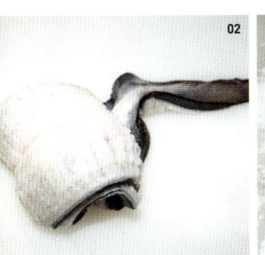

가지 장어 롤

일본의 선술집 이자카야에서 흔히 볼 수 있는 메뉴로, 술안주로 먹으면 제격인 요리. 몸에 좋은 가지와 장어가 만나 영양이 풍부하고, 또 비슷한 질감의 재료가 만나 색다른 풍미를 선사한다.

주재료 ● 민물장어 1마리(250g) ● 가지 1개
양념소스류 ● 적된장소스(p.323 참조) 2Tbs ● 전분 2Tbs
가니시 ● 실파 ● 우니(성게알)

01 장어는 1kg에 4마리 정도의 크지 않은 사이즈로 준비해 흐르는 물에 씻어 핏물을 뺀다.
02 장어를 칼로 긁어 이물질을 떼어 내고 머리와 뼈는 모두 제거한다.
03 물기를 제거한 장어를 소금, 후추로 밑간을 하고 마른 전분을 얇게 골고루 묻힌다.
   그리고 도마 위에 올려 하얀 살 쪽으로 깊고 촘촘한 칼집을 넣고 반으로 잘라 2개로 만든다.
04 가지를 약 13cm 길이가 되도록 자른 다음 껍질을 자르면서 4각형으로 만든다.
05 껍질이 위로 보이게 장어를 놓은 다음 가지를 올려 가로 방향으로 만다. (장어와 가지가 교차되도록)
   이쑤시개 등으로 장어가 풀어지지 않도록 고정시킨다.
06 165도의 기름에 튀긴다.
07 적된장소스를 뜨겁게 데운다.
08 튀긴 장어 말이를 2등분 한다.
09 장어롤을 접시에 담고 그 위에 적된장소스를 티스푼으로 하나씩 올린다.
   마지막으로 성게알과 실파를 올려 장식한다.
tip 장어 대신 베이컨이나 얇게 썬 삼겹살을 사용해도 좋다.

복어 가라아게

재료에 전분 혹은 칡전분을 묻혀 튀긴 것을 가라아게라고 한다. 튀김은 17세기 말 일본 나가사키에 전래된 서양 요리가 변형되어 시작됐다고 전해지는데, 원래는 팔다 남은 재료의 선도를 감추기 위해 밀가루, 전분, 양념 등을 버무려 튀긴 것인데 맛이 좋아 꽤 인기가 있었다고. 이제는 모든 사람들이 즐겨 먹는 대중적인 요리로 발전했다.

주재료 ● 복어살(240g) ● 오이 1개(100g) ● 양파 1/4개(50g)
　　　　　청양고추 1개 ● 실파 2뿌리 ● 미나리 2줄기
양념소스류 ● 삼바이스(삼배초, p.318 참조) 80ml
　　　　　폰즈(p.323 참조) 60ml ● 전분 2tsp ● 튀김가루 2tsp
가니시 ● 무순 약간 ● 비트 약간

01 복어를 흐르는 물에 2시간 이상 놓아 핏물을 뺀다. 그리고 뼈를 제거하고
　　살을 2.5cm 크기의 정육면체로 썰어 찬물에 헹군다.
02 오이는 채 썰어 찬물에 헹궈 준비한다. 양파는 얇게 슬라이스해서
　　찬물에 헹궈 매운맛을 제거한다. 청양고추는 1mm 두께로 얇게 썰고 비트는 채 썰어 찬물에 헹군다.
　　실파와 미나리는 3cm 길이로 썬다.
03 복어살을 믹싱볼에 담아 난황 1/2개, 설탕 1tsp, 참기름 7ml, 정종 5ml, 마늘 1tsp, 후추, 실파찹,
　　미나리찹을 넣고 버무리고, 20분 이상 상온에 보관한 다음 전분 2tsp, 튀김가루 2tsp으로 버무린다.
04 식용유를 165도로 예열을 하고 3번의 양념한 복어를 튀긴다.
05 오목한 접시에 삼바이스와 폰즈를 섞어 담고 2번의 오이와 양파를 담는다.
　　그리고 튀긴 복어를 올리고 미나리와 실파, 청양고추, 무순을 뿌린다.
06 비트채를 올린다.
tip 가라아게는 원래 삼바이스를 사용하는데 삼바이스와 폰즈를 같은 비율로 섞어 사용해도 좋다.
　　폰즈는 단맛 없이 새콤하고 개운한 맛이 강해 좀더 깔끔한 맛의 가라아게를 즐길 수 있다.

복껍질 무침

복어의 껍질은 겉의 가시를 제거하고 끓는 물에 데쳐 사용하는데 미나리를 넣고 새콤하게 초회로 버무리면 쫄깃한 맛이 별미다. 원래 '복어스노모노'라는 일본 복요리의 대표적인 메뉴가 있는데, 데친 복어껍질에 미나리, 실파, 모미지오로시(무에 구멍을 내고 붉은 고추를 끼워 강판에 간 것), 유자폰즈소스와 함께 버무려 먹는 것이다. 여기서는 한국식으로 매콤하게 바꿔 보았다.

주재료 ● 복어껍질 2마리 분량 ● 양파 30g ● 실파 20g
　　　　미나리 30g ● 풋고추, 홍고추 소량
양념소스류 ● 초고추장 45ml ● 와사비 2tsp
　　　　참기름 1/2tsp
가니시 ● 깨 1/2tsp ● 무순 약간 ● 레몬 약간

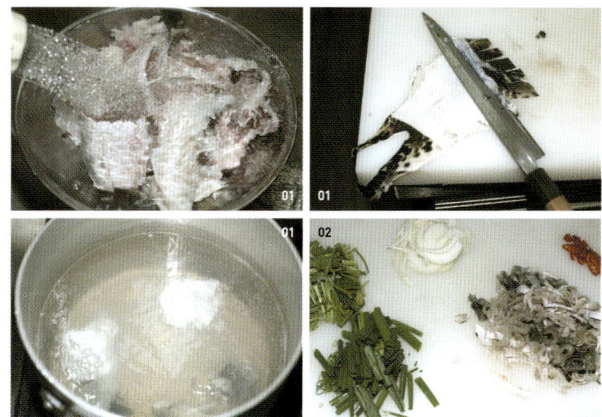

01　복어껍질을 겉껍질과 속껍질로 분리하고 끓는 물에 데친 다음(너무 살짝 데치면 질기다.)
　　얼음물에 식힌다. 얼음물에 식힐 때 껍질에 붙은 이물질을 잘 제거한다.
　　찬물에 식힌 복껍질을 깨끗한 가재수건으로 물기를 제거하고 냉장고에 넣는다.
02　양파는 2~3mm 두께로 얇게 썬다. 고추는 2mm 두께로 어슷하게 썰고,
　　실파와 미나리는 3~4cm 길이로 썬다.
03　냉장고에서 꼬들꼬들해진 복껍질을 꺼내 3~4cm 길이로 채 썬다.
04　믹싱볼에 복껍질, 실파, 미나리, 고추, 양파를 넣고 분량의 초고추장, 참기름, 와사비를 넣어 버무린다.
05　접시에 상추 또는 깻잎을 깔고 4의 버무린 복껍질을 소복하게 담는다.
06　무순과 깨를 뿌리고 레몬을 V자로(웨지) 썰어 곁들인다.

tip 복어껍질 손질법
1　복어껍질 안쪽을 칼로 긁어 깨끗이 손질한 다음 겉의 가시를 벗겨 낸다.
2　끓는 물에 껍질의 두꺼운 쪽부터 천천히 넣어 삶는다.
　　이때 투명해지면 재빨리 건져 얼음물에 식힌다.
3　복어껍질을 건져 물기를 행주로 닦고 꼬챙이에 꼬리부분을 끼워 냉장고에 걸어 둔다.
4　냉장고에서 꼬들꼬들해진 복어껍질을 꺼내 채 썰어 사용한다.

아귀간찜과 유자폰즈

일본 미식가들 사이에서만 알려져 있을 정도로 만나기 어려운 아귀간 요리. 아귀는 다른 생선에 비해 내장이 쉽게 상해, 싱싱한 간을 구하기 쉽지 않다. 찬바람이 부는 계절, 절친한 재료상을 통해 싱싱한 간을 운 좋게 구하게 되면 단골 고객에게 서비스로 제공하곤 했는데, 다들 최고의 찬사를 아끼지 않았다.

주재료 ● 아귀간 200g ● 아스파라거스 3개 ● 가지 1/2개 ● 대파 1뿌리
양념소스류 ● 유자폰즈(p.323 참조) 150ml
가니시 ● 실파 1뿌리 ● 무화과 1/2개

01 아귀간에 붙은 이물질이나 핏줄을 칼끝을 이용해 깨끗하게 제거한다.
   믹싱볼에 물을 담고 청주를 조금 부은 다음 아귀간을 30분 정도 담가 둔다.
   작업대에 쿠킹호일을 깔고 그 위에 다시 비닐을 깐 다음 아귀간을 마른가재수건으로 닦아
   비닐의 중간에 놓는다.
   아귀간에 청주와 소금을 약간 뿌리고 마른전분을 조금 뿌린 다음 비닐로 동그랗게 롤을 만든다.
   그리고 쿠킹호일로 한 번 더 말고 양끝을 비틀어 묶는다.
   찜통에 물을 넉넉하게 붓고 끓인다.
   찜통에 쿠킹호일로 만 아귀간을 놓은 다음 뚜껑을 덮어 20분 동안 찐다.
02 아스파라거스는 줄기를 벗기고 7~8cm 길이로 자른 다음 끓는 물에 소금을 조금 넣고 데친다.
03 가지는 7mm 두께로 원형으로 자르고 프라이팬에 굽는다.
04 대파는 흰 부분을 가늘게 채 썰고 찬물에 씻어 매운 맛을 제거한 다음에 160도의 기름에 튀긴다.
05 실파는 1mm 크기로 다진다.
06 아귀간이 완전하게 식으면 1cm 두께의 원형으로 자른다.
07 접시에 아스파라거스를 가지런히 놓고 그 위에 가지와 아귀간을 층층이 쌓는다.
08 분량의 유자폰즈를 붓고 꼭대기에 튀긴 대파를 놓은 다음 실파와 무화과로 가니시한다.
tip 머리와 입이 크고 이빨이 날카로우며 아래턱이 튀어나온 아귀는 모양은 괴상하지만
   버릴 것이 없을 정도로 쓰임새가 다양하고 맛도 좋다. 먹을 수 있는 부분은 살, 가죽, 아가미, 간,
   난소, 위장, 꼬리의 일곱 가지로 구분하는데 주로 냄비요리에 사용되고 생식으로는 거의 먹지 않는다.

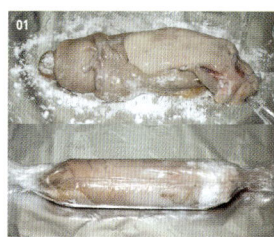
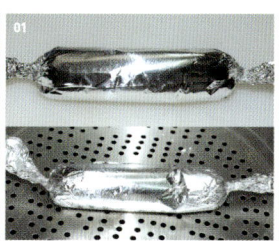

메로구이와 케일볶음

메로는 된장에 재운 '미소스케' 나 간장에 재운 '유안스케' 가 가장 유명하지만 소금구이도 좋다. 간장이나 된장에 절이게 되면 기름이 많은 메로가 더욱 느끼하게 되지만 소금을 뿌려 굽고 마지막에 화이트와인을 뿌린 이 요리는 재료의 맛을 잘 살려 담백하다. 메로구이에 곁들인 케일볶음은 홍콩의 머드크랩요리 전문 식당에서 먹은 모닝글로리를 젓갈과 함께 볶은 요리에서 힌트를 얻었다. 머드크랩볶음의 느끼함을 반감시키는 젓갈이 바로 그 비법!

주재료 ● 메로 300g ● 마늘 3쪽 ● 케일 20장 ● 황태포 50g
양념소스류 ● 화이트와인 20ml ● 남쁠라(p.314 참조) 50ml
가니시 ● 실파 1뿌리 ● 핑크페퍼 12~15개

01 메로를 살짝 해동해서 1cm 두께 10cm×10cm 크기로 재단한다.
02 메로를 깨끗하게 씻어 체에 담아 물기를 제거한 후, 팬에 담아 소금과 후추를 뿌려 보관한다.
03 믹싱볼에 물 150ml, 남쁠라소스 50ml를 섞고 황태포를 담가 소스가 황태포에 스며들도록 한다.
04 마늘을 2mm 두께로 얇게 편으로 자른다. 실파는 1mm 크기로 다진다.
05 팬에 기름을 두르고 센불로 가열한 다음 메로를 넣고 화이트와인을 뿌린다.
  그리고 불을 약하게 줄인 다음 기름을 조금 더 두르고 그 옆에서 마늘을 굽는다.
06 남쁠라소스에 절인 황태포와 케일을 볶는다. 볶을 때 물을 30ml 정도 뿌린다.
07 접시에 케일볶음을 담고 그 위에 메로를 깨지지 않도록 담는다.
  그리고 자연스럽게 볶은 마늘과 핑크페퍼, 실파를 흘린다.

메로 된장구이

메로구이는 일반적으로 된장이나 간장에 재워 간을 들여 요리한다. 기름진 메로살에 구수한 된장의 맛이 잘 조화됐으며 상큼하고 쌉싸래한 발사믹드레싱으로 버무린 루콜라를 곁들여 부담 없이 즐길 수 있는 요리다.

주재료 ● 메로 300g ● 루콜라 100g
양념소스류 ● 미소스케소스(p.317 참조) 200g ● 발사믹드레싱(p.317 참조) 30ml
가니시 ● 실파 소량 ● 핑크페퍼 10~15개 ● 크레송 소량 ● 래디시 1개

01 메로를 살짝 해동해서 1cm 두께 10cm×10cm크기로 재단한다.
02 재단한 메로를 깨끗하게 씻어 체에 담아 물기를 제거한다.
03 미소스케소스에 메로를 넣고 살짝 버무려 소스가 골고루 묻도록 한다.
04 소스에 3시간 재운 메로를 찬물에 헹구고 체에 담아 물기를 제거한다.
05 메로를 200도에 예열한 오븐에 굽는다. 미소스케소스는 당분이 많이 포함되어
  쉽게 타기 때문에 석쇠를 아래쪽에 놓고 굽는다.
06 루콜라는 다듬어 10cm 길이로 잘라서 씻는다. 그리고 소쿠리에 옮겨 담아 물기를 뺀다.
07 실파를 1mm 크기로 다진다.
08 믹싱볼에 발사믹드레싱과 6번의 루콜라를 담고 살살 버무린다.
09 접시에 구운 메로와 크레송을 담고 옆에 발사믹드레싱에 버무린 루콜라를 담는다.
  다진 실파와 핑크페퍼를 자연스럽게 흘린다.
tip 메로는 미소스케소스에 많이 재웠다가 밀폐용기에 담아 냉동보관하고
  조금씩 해동해서 사용할 수 있다.

메로와 순무 간장조림

동경에 있는 레스토랑에 갔을 때 가쓰오국물에 메로와 순무를 넣은 요리를 먹고, 더 맛있게 만들어보겠다고 작심하여 만든 메뉴. 메로는 전분을 묻혀 튀긴 다음 다시 간장에 조려 느끼한 맛을 줄이고, 가쓰오부시 국물에 순무와 배따라스케(단무지의 일종)를 넣고 끓였다. 가니시는 90년대 후반 역삼동 일식집에서 유행했던 쑥갓무침을 올렸다. 메로의 깊은 맛과 순무와 배따라스케의 맛이 밴 국물이 잘 조화된 요리다.

주재료 ● 메로 3조각(360g) ● 순무 4조각(100g) ● 배따라스케 3.5cm×80mm 1조각(30g)
양념소스류 ● 맛술(미림) 100ml ● 데리야키소스(p.315 참조) 30ml ● 참기름 10ml
● 아마스(배합초, p.319 참조) 10ml ● 깨
가니시 ● 쑥갓 ● 적양파

01 순무를 삼각형으로 썰어 끓는 물에 간장과 맛술을 조금 넣고 삶는다.
02 배따라스케는 3.5cm(세로)로 잘라 돌려깎기하고 도마 위에 넓게 편 다음 채로 썬다.
03 메로는 뼈를 제거하고 납작하게 한 쪽을 120g으로 재단한 다음 소금, 후추를 뿌리고
   파이팬 위에서 마른 전분을 묻힌 후 170도의 기름에 껍질이 단단하게 될 때까지 튀긴다.
04 데리야키소스와 맛술을 1:3의 비율로 냄비에 붓고 중간불에서 농도가 생길 때까지 조리고 나서
   3번에서 튀긴 메로를 넣고 몇 바퀴 굴린다.
05 냄비에 물 1.5리터를 붓고 다시마(10cm×10cm)를 넣어 약불로 끓인다.
   물이 끓으면 다시마를 건지고 불을 끈 다음 가쓰오부시 1/2컵을 넣고 25분간 식힌다.
   고운 체를 이용해 걸러 가쓰오다시물을 완성한다.
06 빈 냄비에 가쓰오다시물 1.2리터를 붓고 대파 2뿌리를 길게 반을 쪼개서 넣고
   진간장 1Tbs, 국간장 1Tbs, 맛술 1Tbs, 청주 1Tbs을 넣고 소금으로 간을 한다.
   그리고 배따라스케를 넣고 살짝 끓인다. 마지막으로 참기름(5ml)을 조금 넣고 다시 끓인다.
07 쑥갓은 믹싱볼에서 아마스와 참기름(5ml), 깨를 넣고 무친다.
08 적양파는 얇게 채 썰어 찬물에 헹궈 매운맛을 없앤 다음 믹싱볼에서 아마스에 버무린다.
09 접시에 순무를 놓고 배따라스케와 6번의 가쓰오부시국물 100ml를 붓는다.
10 순무 위에 간장에 졸인 메로를 얹고 7번의 쑥갓과 8번의 적양파를 올린다.

tip 맛있게 순무 삶는 방법
가쓰오다시물 6ℓ, 국간장(우스쿠치) 300ml, 소금 50g, 진간장 300ml, 혼다시 50g, 미림 300ml, 정종 200ml에 순무를 삶으면 더욱 깊은 맛이 난다.

도미카르파초와 시소드레싱

도미 요리 그중에서도 참돔은 맛에 있어서도 여타 생선들이 따라오지 못할 정도다. 싱싱할 때 회로 먹는 걸 최고로 치며 깔끔하며 고소한 도미 특유의 맛이 워낙 좋아 회를 떠낸 다음 끓이는 매운탕이나 조림도 좋다. 시소드레싱은 자극적이지 않은 은은한 향이 있으며 엔초비를 가미해 생선회와 이질감이 없고 깊은 맛을 살린다.

주재료 ● 도미회 200g ● 크레송 30g ● 무 50g ● 당근 25g
양념소스류 ● 시소드레싱(p.319 참조) 40ml
가니시 ● 무순 약간 ● 실파 1뿌리 ● 핑크페퍼 6~7개

01 크레송은 다듬어 찬물에 헹군다. 무와 당근은 5cm 길이로 자르고 돌려깎기한 다음 도마 위에 길게 펴서 사선으로 자르고 찬물에 헹궈 준비한다.
02 도미는 얇게 회를 뜬다.(우스즈꾸리) 그리고 원형접시에 돌려서 담는다.
03 접시의 중앙에 크레송을 올리고 그 위에 물기를 제거한 무, 당근을 올린다.
04 도미회 위에 시소드레싱을 고루 뿌리고 무순과 실파, 핑크페퍼를 고르게 뿌린다.

도미머리 간장조림(아라다키)

'아라다키'는 생선의 머리, 굵은 뼈, 아가미살 등을 진한 국물로 졸이는 요리를 말하며 '아라니'라고도 한다.('아라'는 생선 머리나 가운데 굵은 뼈를 말한다.) 동양에서는 도미를 최고의 생선으로 치는데 특히 일본에서는 도미를 '생선의 왕'이라고 부른다. 참도미는 머리, 그중에서도 눈 주위가 가장 맛있는 부분이다. 그야말로 '어두육미(漁頭肉尾)'는 도미를 지칭하는 게 아닌가 싶다.

주재료 • 도미머리 1마리 분량(400g) • 고구마 100g • 표고버섯 2개 • 죽순 40g • 단호박 100g
  • 영콘 2개 • 당근 50g • 무 80g • 우엉 40g

양념소스류 • 맛술 500ml • 진간장 150ml

가니시 • 풋고추 2개 • 생강 1/2쪽 • 실파 1뿌리 • 대파(흰 부분) 2뿌리

01 도미머리는 반으로 나누고 끓는 물을 부어 살짝 데친다.
   그런 다음 비늘을 제거하고 머리 안쪽의 지저분한 핏덩어리를 제거한다.
02 표고버섯은 별모양으로 칼을 넣고 죽순은 길게 자른다.
   단호박과 고구마는 길이 4cm, 폭 2cm 크기로 재단한다.
   당근은 매화모양으로 자르고, 무는 은행잎 모양을 만들어 7mm 두께로 재단한다.
   우엉은 껍질을 벗기고 어슷하게 썰고, 생강은 가늘게 채를 썰어 찬물에 헹군다.
03 도미머리와 표고버섯, 죽순, 단호박, 고구마, 당근, 무, 우엉, 영콘을 냄비에 넣고
   맛술을 부어 중불로 끓인다.
   맛술이 끈끈하게 졸여지면 진간장을 넣고 약불로 끓인다.
04 간장국물이 끈끈해지면 풋고추를 넣고 살짝 더 졸인다.
05 넓은 대접에 도미머리와 야채를 가지런히 담고 위에 대파채와 생강채를 올린다.

69

옥도미 갈릭버터구이

제주도의 대표 생선 옥돔은 깊은 바다에 사는 어족인 만큼 살이 단단하면서도 기름기는 적고 단백질이 풍부하여 고소하면서 담백한 맛을 내는 것이 특징이다. '옥도미 갈릭버터구이'는 담백한 옥돔구이 위에 마늘을 첨가한 버터를 입히고 삶은 무청에 된장과 버터 양념을 첨가해 담백하면서 맛깔스럽게 개발한 요리이다.

주재료 ● 반건조옥도미 1마리 ● 삶은 시래기 200g ● 느타리버섯 35g ● 팽이버섯 1/3봉지
양념소스류 에그비네거소스(p.321 참조) 2Tbs ● 갈릭버터(p.313 참조) 2Tbs
데리야키소스(p.315 참조) 3Tbs ● 무염버터 2tsp
가니시 ● 우엉 50g ● 크레송 소량 ● 실파 1뿌리

01 갈릭버터를 상온에 보관해 말랑하게 만든다.
02 삶은 시래기는 다시 한 번 삶아 물은 버리고 3cm 길이로 자른다.
  느타리버섯과 팽이버섯은 가늘게 찢어 끓는 물에 살짝 데쳐 삶은 시래기와 함께 꽉 짜서 물기를 뺀다.
03 팬에 기름을 두르고 2번의 시래기와 버섯을 넣고 볶는다.
  그리고 데리야키소스를 넣고 마지막으로 무염버터를 넣는다.
04 냉동 건조된 옥도미를 손질해서 그릴에 살 쪽을 먼저 굽고
  살 쪽이 익으면 뒤집어 껍질 쪽을 굽는다.(꼬리가 타면 호일로 덮어 타지 않도록 한다.)
05 옥도미가 익으면 갈릭버터 2Tbs를 올리고
  갈릭버터가 노릇하게 되면서 흘러내리도록 1~2분 정도 더 굽는다.
06 우엉을 껍질을 벗기고 얇게 썰어 찬물에 씻은 다음 165도의 약한 기름에 튀긴다.
07 접시 바닥에 깨끗하게 씻은 크레송을 놓고 중앙에 3번의 볶은 시래기를 놓는다.
  그리고 구운 옥돔을 시래기 위에 겹치도록 올리고 6번에서 튀긴 우엉을 덮고 다진 실파를 뿌린다.
tip 옥돔은 할복·건조되어 냉동포장으로 유통된다.
  최근 중국산 옥돔이 많이 유통되고 있는데 중국산은 조리하기 전에 약한 소금물에 담갔다가 사용한다.
  중국산은 대체로 간이 일정치가 않기 때문이다.

전어 난반스케

전어는 청어과에 속하는 생선으로 15cm 정도 몸길이의 등푸른생선이며 고소하고 감칠맛을 지니고 있다. 우리나라에서는 '가을전어 굽는 냄새로 집 나간 며느리가 돌아온다'는 속담이 있을 정도로 그 맛을 제일로 치며, 일본에서는 여름철에 잡히는 지방이 많지 않은 전어를 초에 절여 먹는 방법으로 많이 먹는다. 전어 굽는 냄새가 '시체를 태우는 냄새와 같다'라는 속설이 있어 구이는 꺼리는 편이기 때문이다.

주재료 ● 전어 2마리 ● 청경채 2뿌리
양념소스류 ● 난반스(p.314 참조) 180ml
　　　　　　가쓰오다시물(p.65 참조) 400ml
가니시 ● 참나물 1줄기 ● 라임 1/4개

01 난반스를 만들어 차게 보관한다.
02 전어 비늘을 제거하고 배에 칼집을 넣어 내장과 아가미를 제거한다.
　 그리고 찬물에 깨끗하게 씻는다.
　 파이팬에 전어를 올리고 앞뒤로 소금을 살살 뿌려 상온에 30분 이상 둔다.
03 오븐을 200도까지 예열하고 소금에 절인 전어를 넣고 15분간 굽는다.
04 청경채를 세로방향으로 길게 반으로 자른다.
05 가쓰오다시물에 소금간을 하고 끓인 다음 청경채를 넣고 살짝 데친다.
06 접시에 청경채를 놓고 그 위에 구운 전어를 놓은 다음 다시 청경채를 놓고 전어를 올린다.
07 난반스를 전어와 청경채 위에 뿌린다.

참치 타다키와 아보카도무스

이 메뉴는 가다랑어회의 껍질을 구워 먹는 데서 착안한 요리이다. 보통 가다랑어회 껍질을 불에 구우면 부드러워지면서, 껍질 안쪽의 기름층이 살짝 익어 더 고소한 맛이 나는데 참치 또한 표면에 통후추와 깨를 묻혀 강한 불에 구우면 이와 비슷한 맛이 난다. 특히 아보카도의 부드러운 맛과 어울려 입 안에 넣으면 살살 녹는 게 일품이다. 사케, 와인의 안주로도 좋다.

주재료 ● 냉동참치 8조각(150g) ● 크레송 20g ● 시소노미구라게 50g
양념소스류 ● 아보카도무스(p.320 참조) 150g ● 에그비네거소스(p.321 참조) 15ml
크러시드페퍼(crushed pepper) 1.5Tbs ● 검은깨 1Tbs ● 흰깨 1Tbs
가니시 ● 생강채

01 따끈한 물 1리터에 소금 30g을 넣고 녹인다.
그리고 붉은살 냉동참치를 그 물에 2분 동안 담근 다음 표면을 씻어 건져 놓는다.
02 파이팬에 크러시드페퍼와 검은깨, 흰깨를 잘 섞고 그 위에 해동한 참치를 살짝 누르면서 굴린다.
03 팬에 기름을 두르고 중불에 올려 뜨겁게 달군다. 그리고 2번의 참치를 골고루 굽는다.
이 때 반드시 팬이 달궈진 상태에서 구워야 한다.
그렇지 않으면 열기가 참치의 중앙까지 침투해 참치의 색이 누렇게 변한다.
04 아보카도무스를 만든다.
05 아보카도무스를 접시의 바닥에 깔고 구운 참치는 0.7cm두께로 9쪽으로 썰어 무스 위에 덮는다.
06 접시의 구석에 크레송과 시소노미구라게를 놓고 크레송 위에는 에그비네거소스를 1Tbs 뿌려준다.

튜나 타르타르

이 메뉴는 영업이 끝날 즈음, 참치 또는 생선이 남았을 때 고객에게 서비스안주로 사용했던 메뉴다. 생선과 아보카도는 주방에 항상 있는 재료고, 그릴드 토마토는 장기간 보관이 가능해 비상시를 대비해 항상 준비되어 있었다. 재료만 있다면 비교적 어렵지 않게 만들 수 있어 유용하게 사용했다.

주재료 • 아보카도 50g • 참치 70g • 토마토 1개
양념소스류 • 영소스(p.321 참조) 2tsp • 요거네즈(p.322 참조) 2tsp • 에그비네거소스(p.321 참조) 2Tbs
가니시 • 크레송 소량 • 대파(흰 부분) 1뿌리 • 핑크페퍼 10알

01 로스트 토마토를 만든다.
토마토는 끓는 물에 데쳐 껍질을 벗긴다. 그리고 1.5cm 크기로 깍둑썰기한다.
믹싱볼에 올리브오일(2tsp), 발사믹비네거(1.5tsp), 황설탕(1tsp),
다진 바질(1팩)을 넣고 설탕이 녹을 때 까지 잘 섞은 다음 토마토를 넣고 재운다.
두 시간 이상 마리네이드한 토마토를 오븐에 넣고 150도에서 한 시간 동안 굽는다.
이때 15분에 한 번씩 뒤집어 준다.
02 아보카도와 참치를 1cm 크기의 다이스(Dice-주사위 모양)로 썰어 따로따로 분리한다.
03 대파는 흰 부분을 가늘게 채 썰어 찬물에 헹구고 약한 온도의 기름에 튀긴다.
04 아보카도는 요거네즈에, 참치는 영소스에 버무린다.
05 접시에 크레송을 얇게 깔고 원형틀을 중앙에 놓는다.
06 원형틀 안에 토마토, 아보카도, 참치를 순서대로 넣는다.
07 원형틀을 조심스럽게 빼고 크레송 위에 에그비네거소스를 뿌린다.
튀긴 파를 튜나타워 위에 올리고, 핑크페퍼를 고루 뿌린다.
tip 참치가 없을 때는 광어, 도미 등의 흰살생선으로 대신해도 좋다.

연어구이와 기미스소스

연어는 비타민A가 풍부해 빈혈에 좋다고 알려져 있는 영양식재료다. 그리고 연어알은 초밥요리에서는 빼놓을 수 없는 좋은 재료다. 연어와 연어알을 이용, 자칫 느끼해질 수 있는 연어구이를 새콤한 맛의 기미스와 구운 마늘로 보완해준 색다른 요리이다.

주재료 • 연어 220g • 연어알 2Tbs • 마늘 3쪽
양념소스류 • 기미스(p.314 참조) 80ml

01 연어는 소금을 앞뒤로 뿌려 상온에서 2시간 보관한다.
02 마늘은 2mm 두께로 납작하게 저민다.
03 팬에 기름을 넉넉하게 두르고 1번의 연어를 굽는다. 이때, 2번의 마늘을 같이 굽는다.
04 연어가 구워지는 동안 계란노른자를 이용해 기미스를 만든다.
05 연어를 접시에 담고 4번의 기미스를 숟가락으로 소복하게 올린 다음 그 위에 연어알을 올린다.
06 튀긴 마늘을 자연스럽게 떨어뜨린다.

고등어 초절임회

고등어는 등푸른생선의 대표라고 할 수 있다. 육질이 담백하고 연하며 DHA와 아미노산이 풍부하다. 11월부터 12월이 제철이며 이 시기에는 온몸에 지방이 올라 있어 맛이 더욱 좋다. 고등어는 몸통이 직선으로 곧게 뻗고 탄력이 느껴지며 껍질에 힘과 광택이 있고 무늬가 선명한 것이 좋다. 이 요리는 싱싱하고 좋은 고등어를 소금과 식초에 절여 먹는 '시메사바' 라는 일본의 대표적인 요리를 살짝 변형한 것이다.

주재료 ● 고등어 1/2마리 ● 실파 2뿌리 ● 마늘 2쪽
양념소스류 ● 식초 200ml ● 양파 50g ● 가쓰오부시 1/3컵 ● 다시마 사방 15cm 크기 ● 간장 20ml
● 와사비 2tsp ● 레몬 1/2개

01 고등어는 아가미 뒤쪽에 칼집을 넣어 머리를 자르고, 항문 쪽부터 배에 칼집을 넣어 내장을 제거한다. 그리고 흐르는 물에 조심스럽게 살살 씻는다.
02 고등어의 물기를 마른수건으로 깨끗하게 닦고 세장뜨기(일식에서 생선을 회 뜨는 방법 중 하나로 왼쪽 살과 오른쪽 살, 그리고 가운데 뼈로 나누는 방법.) 한다.
03 쟁반에 소금을 넉넉하게 뿌리고 고등어를 껍질이 아래로 향하도록 놓은 다음 다시 살 쪽에 소금을 뿌려 상온에서 1시간 둔다.
04 고등어를 물에 씻고 소쿠리에 옮겨 물이 빠지도록 한다.
05 믹싱볼에 물 400ml, 식초 200ml를 붓고 양파 50g을 채 썰어 넣은 다음 가쓰오부시 1/3컵, 15cm 크기 다시마를 넣고 1시간이 지나면 4의 고등어를 완전히 잠기도록 넣어 40분 뒤에 건진다.
06 고등어를 마른수건으로 깨끗하게 닦고, 배 쪽의 가시를 제거한 다음 껍질을 벗긴다.
07 고등어를 7mm 두께로 자른다. 레몬 반을 쪼개서 2mm 두께로 자른 다음 고등어와 같이 접시에 놓는다.
08 마늘은 채 썰어 찬물에 헹궈 매운맛을 제거하고 실파는 다져서 고등어 위에 올린다.
09 먹기 전 레몬을 고등어에 골고루 뿌리고 와사비를 푼 간장에 한 점씩 찍어 먹는다.

대구 술찜

술찜은 재료에 술을 뿌려 찌는 요리다. 재료가 갖고 있는 맛을 그대로 살리는 요리이기 때문에 신선하지 않은 재료는 의미가 없다. 대부분의 흰살생선은 열을 오래 가해도 부드러움을 유지할 수 있어 찜 재료로 적합하다. 원래 술찜은 재료에 술(청주)만 뿌려 찌는데 쓴맛이 너무 강하다. 나는 중합으로 맑은 국을 끓여 청주와 섞어 넣었다. 일반적인 찜보다 국물이 많아 개운하게 떠 먹을 수 있으며 자칫 맛밋해질 수 있기 때문에 루콜라와 발사믹리덕션을 더했다.

주재료 ● 대구 5조각(600g) ● 중합 4개 ● 다시마 ● 마늘(슬라이스) 2g ● 올리브(블랙) 2개
양념소스류 ● 청주 20ml ● 발사믹리덕션(p.318 참조) 20ml
가니시 ● 루콜라 30g

01 대구를 잘 손질하여 5조각 준비한다.
   (대구의 크기는 두께 2cm×10cm×10cm로 납작하게 재단한다.)
02 냄비에 해감한 중합을 넣고 정수기 물을 자작하게 부은 다음
   중합이 모두 입을 벌릴 때까지 끓인다.
03 접시에 다시마를 깔고 대구, 중합과 중합 끓인 물을 60ml 붓고 찜통에 찐다.
   (이때, 두부나 대파를 넣어도 좋다.)
04 10분이 지나면 뚜껑을 열고 슬라이스 한 올리브와 마늘을 넣고 청주를 부은 다음
   2~3분간 더 찐다.
05 루콜라를 10cm 길이로 자른다.
06 15분 동안 찐 요리를 접시 위에 올린다.(접시가 뜨겁기 때문에 큰 접시를 밑에 깐다.)
07 루콜라를 올리고 발사믹리덕션을 뿌린다.

tip 1 찜은 물을 넉넉하게 부어서 찐다. 물통의 2/3 정도는 물을 채워야 수증기가
   골고루 맴돌기 때문이다. 찜통을 선택할 때 너무 높지 않은 것을 선택하는 것도 중요하다.
   2 도매시장에서 중합을 구입할 때, 바닷물도 같이 얻어와 바닷물에 해감을 하면
   해감이 잘 된다.

아쿠아 코드

대구의 고니는 어린이, 임산부, 회복기환자에 좋은 고단백음식이며 대구탕은 산모의 젖 분비에 좋고 그대로 달여 먹으면 구충효과도 있다. 이 요리는 신선한 대구살에 마른 전분을 바르고 찜통에서 찐 것이다. 전분이 재료를 코팅하여 육즙이 빠지지 않도록 해 부드럽고 촉촉한 대구살을 그대로 먹을 수 있다.

주재료 ● 대구 4조각(500g) ● 중합 4개 ● 무 120g ● 당근 4g ● 쑥갓 15g ● 레몬껍질 1/3개 ● 영양부추 15g
양념소스류 ● 아쿠아소스(p.320 참조) 100ml ● 아마스(p.319 참조) 3Tbs ● 참기름 1Tbs ● 감자전분 3Tbs
가니시 ● 깨 1tsp

01 중합은 3%의 소금물에 해감하고 대구는 한 쪽에 120~150g의 크기로 재단한다.
   그리고 찬물에 담가 핏물을 제거한다.
02 무, 당근은 5cm 길이로 토막을 내고 돌려깎기 한 다음 채 썬다.
   쑥갓은 끝의 순 부분만 뜯어내고 영양부추는 5cm 길이로 자른다.
   레몬껍질은 2cm 길이로 채 썬다. 야채를 모두 찬물에 헹궈 물이 빠지도록 소쿠리에 담아 둔다.
03 파이팬에 대구를 올리고 앞뒤로 돌려가며 소금·후추를 뿌린 다음 마른 전분을 바른다.
04 찜통에 중합과 함께 넣고 15분 동안 찐다.
05 접시에 대구와 대합을 담고 아쿠아소스를 뜨겁게 해서 뿌린다.
06 2번에서 준비한 야채를 믹싱볼에 담고 아마스와 참기름을 넣고 버무린다.
07 대구 위에 버무린 야채를 올리고 깨를 뿌린다.

장인의 손맛

여덟시, 조리복으로 갈아입은 나는 카트를 끌고 지하에 있는 검수장으로 내려간다. 그곳에는 각 주방으로 올라가기 위해 대기중인 식재료들이 산더미처럼 쌓여 있다. 나는 빠른 손놀림으로 전표를 보고 새벽에 입고된 재료 품목을 확인하며 카트에 식재료들을 싣는다.

최근 주방에 한차례 물갈이가 있었다. 나의 직속상관인 K선배와 그 위에 있던 두 명의 요리사가 한꺼번에 이직을 하는 바람에 일손이 부족했다. 그래서 오늘도 평소보다 일찍 나와서 부지런하게 준비를 해야만 했다.

주방장이 출근하는 아홉시 이전에는 모든 재료가 일하기 편리하도록 준비되어 있어야 하루를 무사히 출발할 수 있다. 주방의 도마 위에서 손질할 것, 개수대에서 씻어서 포션할 것, 그냥 정리해서 선반으로 들어갈 것이 분리되어야 하며, 냉장고 안에 있는 재료통과 바구니에는 깨끗이 씻어서 물에 담가둔 조개, 생선 등이 순서대로 담겨 있어야 한다. 재료들은 모두 각자의 자리가 있는데 눈을 감고 손을 뻗어 한 번에 재료를 찾을 수 있도록 정리가 되어 있어야 한다. 바쁜 시간에 재료를 찾기 위해 냉장고를 뒤지는 것은 용납될 수 없는 일이다.

한 달 전 한참 재료를 손질해야 할 시간에 검수장에서 얼음에 재운 전어 박스를 허둥거리며 들고 오는 나를 본 주방장이 박스를 빼앗아 복도에 집어 던져버린 일이 있었다. 그날 이후 나는 최대한 빨리 일을 마치려 노력한다.

영업 시작 전에 주방장들과 과장이 대화를 나누더니 뭔가 합의를 본 듯한 표정으로 나를 쳐다보았다.

"미스터 유!"

그들의 손에는 예약 장부와 스케줄표가 들려 있었다. 주방장은 나에게 뜻밖의 지시를 했다.

"요즘 일손이 부족한 건 알고 있지? 그래서 말인데 미스터 유가 내일 혼자 조식 근무를 해야겠어. 음식은 오늘 내가 만들어놓고 퇴근할 테니까. 자신 있지?"

이때까지 내 업무는 검수장과 구매과, 주방을 쳇바퀴 돌면서 물건 받아오는 일과 야채를 손질하거나 생선을 다듬는 일이 전부였다. 나는 선뜻 대답하지 못했지만 주방장은 억지로 떠맡기듯이 미팅을 끝냈다. 조식 메뉴는 '일본조식정식'과 '전복죽' 두 가지뿐이었지만 경험도 없는 내가 잘 할 수 있을지 걱정이 됐다. 그런 내 마음을 읽었는지 그날 저녁 주방장이 다시 나를 불렀다.

"전복죽은 미리 끓여놓은 죽에 물만 첨가해서 끓이면 되는 거야. 일본조식정식은 지금부터 가르쳐줄 테니 잘 보고 배워."

> 주방장은 뒤에서 내가 만드는 음식을 지켜보았다. 아마도 그와 내가 만든 요리의 차이는 평생 요리를 삶으로 살아온 장인의 손맛과 주방보조의 손맛의 차이가 아니었을까.

주방장은 나를 옆에 세워놓고 설명을 시작했다.

"이건 야키모노고 이건 니모노, 그리고 이건 고바찌, 자완무시……."

일본조식에 사용되는 음식은 이미 모두 준비되어 있었다. 주방장은 다시 쟁반과 그릇을 종류별로 가져와 그 그릇에 음식을 하나씩 담으면서 설명을 계속했다.

"야키모노는 연어소금구이로 하자. 배 쪽이 앞으로, 등이 뒤로 향하게 담고 접시의 오른쪽 아랫부분에는 기쿠다이콩(국화 모양의 무 피클)과 긴피라(우엉조림)를 담을 거야."

주방장이 설명하면서 음식을 담는 동안 나는 내 수첩에 그림과 함께 순서를 적었다.

"니모노는 닭고기와 감자, 당근을 넣은 간장조림이야. 작은 공기에 닭 두쪽, 감자 한쪽, 당근 한쪽, 튀긴 두부 한쪽을 담고, 따로 데친 시금치를 가운데 올리는 거야. 그리고 깨 다섯 알을 뿌려서 마무리하지."

주방장은 음식 세팅을 모두 마친 다음 쟁반에 담고 랩을 팽팽하게 덮어서 내게 건네주었다. 나는 쟁반이 기울어지지 않도록 조심해서 냉장고에 넣었다. 그런 다음 청소를 마치고, 다음 날 새벽에 사용할 쟁반과 그릇은 모두 손만 뻗으면 가져올 수 있는 위치로 옮기고 음식은 바로 데울 수 있도록 간떼기(불을 이용해 익힌 음식을 만드는 파트)냉장고로 옮겼다.

집에 돌아와 보니 벌써 열두시였다. 고된 하루였지만 왠일인지 잠이 오지 않았다. 일본조식정식과 전복죽은 만삼천 원에 부가세와 서비스 요금이 별도로 붙는 음식이다. 아침식사로 이렇게 비싼 음식을 먹는 사람들이라면 모르긴 해도 무척 깐깐한 사람들일 텐데 행여 실수나 하지 않을까 걱정이 앞섰다.

그렇게 잠을 이루지 못하고 뒤척이다 보니 어느새 시계 바늘이 새벽 네시를 가리키고 있었다. 나는 그대로 일어나 씻고 레스토랑으로 출근을 했다.

조리복으로 갈아입고 주방에 올라가 가스차단기부터 켜고 두어 번 숨을 크게 들이마셨다. 결전의 시간이다. 밤새 계획한 순서대로 쌀을 씻어서 밥솥에 안치고 냉장고 속 요리들을 모두 꺼내 냄비에 옮겼다. 순서를 얼마나 외우고 또 외웠는지 손에 탄력이 붙을 정도였다. 모든 음식이 따끈하게 데워지고 밥

솥은 찰칵 소리를 내며 뜸 들이기가 끝났음을 알렸다. 나는 밥솥 뚜껑을 열고 모락모락 피어오르는 김 속에 얼굴을 들이밀고 밥을 살살 저었다. 고슬고슬하게 쌀밥이 제대로 익은 것을 확인한 후에야 안도의 한숨을 내쉴 수 있었다.

잠시 후 홀 직원이 출근을 했고 곧 매장을 오픈했음을 알려왔다.

어젯밤 주방장이 세팅해준 쟁반을 꺼내 모리다이의 제일 앞쪽에 놓고 계속 들여다보고 있는데 찌직 찌직 소리와 함께 포스프린터에 주문이 인쇄되어 올라온다.

'그래, 이제 시작이야! 난 지금 호텔 요리사야!'

나는 마음속으로 힘을 내라고 스스로에게 응원의 구호를 외쳤다.

두 시간 동안 주문은 30건 정도 들어왔다. 음식에 정성은 많이 들였지만 아무리 봐도 부족해보였다. 주방장이 만들어놓은 샘플을 들여다보며 똑같이 담아도 내가 만든 건 왠지 모르게 허전했다. 훨씬 더 오래 공을 들여서 담아도 내가 담은 요리는 허술하기 그지없었다. 반면 주방장의 샘플은 설명을 하면서 대충 담아냈음에도 한 치의 오차나 빈틈이 없는 작품이었다.

'분명히 똑같이 담는데 왜 다른 걸까? 이유가 뭘까?'

대체 이유가 뭘까 한참 골똘히 생각에 잠겨 있는데, 뒤에서 주방장의 목소리가 들려왔다.

"많이 팔았어?"

걱정이 됐는지 평소보다 한 시간 일찍 출근한 주방장은 나를 한번 쳐다보고 홀로 나갔다. 홀에 나가 담당직원에게 손님의 반응을 물어보려고 하는 것 같았다. 그 뒤로도 주문은 계속 들어왔다. 그 동안 주방장은 뒤에서 내가 만드는 음식을 지켜보았다. 뭔가 따끔한 조언을 해주겠지 하는 나의 기대와는 달리 아무 말 없이 그냥 지켜보기만 하더니 마지막으로 수고했다고 말했다.

아마도 그와 내가 만든 요리의 차이는 평생 요리를 삶으로 살아온 장인의 손맛과 주방보조의 손맛의 차이가 아니었을까.

결정적 순간을
결정적으로 만들어내다

    신선한 최고의 식재료, 경험이 묻어나는 숙련된 칼솜씨, 커다란 팬과 불을 자유자재로 다루는 기술, 주재료와 양념을 버무리는 손맛 등 좋은 요리에는 맛을 만들어내는 많은 과정이 있다. 하지만 요리에는 이런 과정보다 맛을 결정하는 타이밍이 있다. 메뉴를 결정하고 좋은 재료를 선별해서 이를 다듬는 일련의 조리과정은 결국 이 결정적 순간을 위한 것이다.

    왜 똑같은 재료를 가지고서도 다른 음식이 될까? 재료들이 조합되는 분량의 문제도 있겠지만, 더 중요한 것은 재료를 다루는 순서와 시간이다. 몇 초 안에 빠른 칼놀림으로 끝내야 할 맛, 고압의 센 불 위에서 단시간에 조리해야 할 맛, 몇 시간 또는 며칠간 끓여서 우려내야 할 맛, 몇 달 또는 몇 년간 숙성해야 할 맛이 따로 있는 것이다. 이런 맛의 비밀은 결정적 순간을 놓치지 않는 것이다.

    훌륭한 조리사는 결정적 순간을 놓치지 않기 위한 훈련이 되어 있는 사람이다. 크고 무거운 팬, 날카롭고 예리한 칼, 고압의 센 불, 180도의 끓는 기름, 벌겋게 달아오른 그릴의 석쇠를 완벽하게 다뤄야 한다. 또 재료에 대한 두려움이나 저항감을 가져서는 안 된다. 그들은 세상에 대한 호기심과 도전정신으로 가득 차 있다. 현장에서 요리를 할 때는 동물적인 감각에 의존해서 결정적 순간을 말 그대로 결정한다. 최종적으로 요리가 완성되는 단계에서는 이미 훈련된 직관을 통해 결정적으로 타이밍을 끊어버린다. 그리고 마지막으로 고객이 원하는 맛의 정점을 찾아낸다. 훌륭한 조리사는 자신의 요리를 먹는 고객들의 성격이나 취향, 관심사를 잘 알고 있다.

    요리도 맛있게 먹어야 할 타이밍이 있기 때문에 그 순간을 놓치거나 먹는 사람이 없다면 요리는 생명력을 잃게 될 것이다. 그러니 조리에서 시간이 맛을 결정하는 가장 핵심적인 요소라는 것을 부인할 수 있겠는가.

PART 3 갑각류

일상생활에서 접하기 쉽지 않다는 이유로 레시피 구하기가 힘들었던 문어, 킹크랩, 소프트셸크랩, 전복, 소라, 랍스터 등의 최신 레시피를 공개한다. 이밖에도 주꾸미, 낙지, 오징어, 새우, 대합 등의 다양한 조리법이 등장한다. 식사는 물론, 와인과 사케 등의 안주로도 훌륭한 요리들이다.

PRAWN, CRAB, CUTTLEFISH

   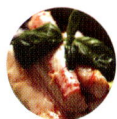 

주꾸미 가라아게

주꾸미는 데쳐서 초고추장에 찍어 먹거나 매콤하게 볶는 요리, 양념에 재워 연탄불에 굽는 요리 등 다양하며 3월, 4월 몸통에 쌀알 같은 알이 들었을 때가 가장 맛있다. 가라아게는 전분으로 반죽해 튀긴 튀김을 말하는데 주꾸미 가라아게와 졸인 발사믹비네거, 얇게 썬 파마산치즈, 발사믹드레싱에 버무린 루콜라가 잘 조화된 요리다.

주재료 ● 주꾸미 180g ● 루콜라 55g
양념소스류 ● 계란노른자 1/2개 ● 참기름 7ml ● 청주 1Tbs
● 마늘 1Tbs ● 진간장 1Tbs ● 전분 4Tbs
발사믹리덕션 (p.318 참조) 30ml
발사믹드레싱 (p.317 참조) 45ml
가니시 ● 파마산치즈(슬라이스) 10g ● 핑크페퍼 10~15개 ● 비트채

01 주꾸미는 내장을 제거하고 적당한 사이즈로 재단한다.
   (만약 알이 들었을 경우는 몸통 밑에 있는 눈알과 이빨만 제거한다.)
02 소금으로 깨끗하게 씻은 주꾸미를 흐르는 찬물에 헹궈 소금기를 빼고 이어서 물기도 뺀다.
03 루콜라를 깨끗하게 씻고 10cm 길이로 재단한 다음 물기를 뺀다.
04 믹싱볼에 양념(계란노른자, 참기름, 청주, 마늘, 진간장)을 넣고 버무리고,
   주꾸미와 전분을 넣고 버무린 다음 170도 기름에 튀긴다.
05 믹싱볼에 발사믹드레싱을 넣고 루콜라를 버무린다.
06 접시 중앙에 튀긴 주꾸미를 놓고 한쪽에 버무린 루콜라를 놓는다.
07 파마산치즈를 슬라이스 하거나 거칠게 갈아서 전체적으로 뿌리고
   발사믹리덕션을 지그재그로 뿌린다.
08 핑크페퍼를 뿌리고 비트채를 루콜라 위에 올린다.
tip 주꾸미를 너무 오랜 시간 튀기면 주꾸미 육즙이 빠지고 질겨져 맛이 없게 된다.

문어 포도씨오일 유비키

유비키는 일본의 조리용어로 생선살을 끓는 물에 살짝 데치는 것을 말하는데 나는 이 요리에서 끓는 기름을 사용했다. 신선한 문어 위에 상큼한 유자폰즈와 케이퍼드레싱을 뿌리고 그 위에 끓는 기름을 뿌린다. 문어는 살이 질겨 회로 먹기 힘들지만 뜨거운 기름에 데치면 먹기 좋게 쫄깃해진다.

주재료 ● 문어(다리 1개) 180g ● 쑥갓 15g
양념소스류 ● 케이퍼드레싱(p.324 참조) 3Tbs ● 유자폰즈(p.323 참조) 3Tbs ● 포도씨오일 4Tbs
　　　　　● 참기름 4Tbs ● 아마스(p.319 참조) 1Tbs
가니시 ● 래디시 1개 ● 실파 1뿌리 ● 무순 1/6팩

01 문어는 몸통 안쪽의 내장을 제거하고 굵은 소금을 뿌려가며 주물러 씻어 빨판에 붙은 불순물을 뺀다.
   그리고 짠맛이 남아 있지 않도록 찬물에 깨끗하게 씻는다.
   냄비에 물을 끓이고 녹차를 넣는다. 문어다리 한 개를 냄비에 넣고 20초 뒤에 건진다.
   문어 다리의 빨판 밑으로 칼집을 넣고 껍질을 벗긴다.
   문어 다리를 일자로 펴서 접시에 담아 냉동시킨다.
02 쑥갓의 순을 잘라 찬물에 씻는다.
03 믹싱볼에 아마스와 참기름, 깨를 넣고 쑥갓순을 버무려 접시의 중앙에 놓는다.
04 문어를 어슷하고 최대한 얇게 썰어 접시의 바닥에 돌려 가지런히 놓는다.
05 문어 위에 유자폰즈를 뿌리고 케이퍼드레싱을 숟가락으로 바르듯이 놓는다.
06 5번 위에 무순, 실파, 래디시채를 올린다.
07 작은 냄비에 참기름과 포도씨오일을 1:1로 섞어 끓인다. 그리고 작은 주전자에 담는다.
08 7번의 끓는 기름을 문어 위에 뿌려서 문어가 살짝 익으면 먹는다.
tip 끓는 기름과 문어를 각각 따로 들고 나가 손님 앞에서 뿌리면,
    문어가 살짝 튀겨지며 보는 재미도 더한다.

문어 스프링 롤

2005년 4월, SBS '결정! 맛대맛' 이라는 프로그램에 나가서 9:0으로 이긴 요리. 나는 문어를 주재료로 6가지 코스요리를 가지고 나갔고 상대편은 주꾸미를 주재료로 나왔었다. 하루 만에 문어로 애피타이저, 샐러드, 메인요리 두 가지 그리고 초밥과 먹물아이스크림까지 개발했고 이 요리는 메인요리로 출연했다.

주재료 ● 문어(다리 1개) 100g ● 닭가슴살 80g ● 두부 50g ● 은행 10알 ● 죽순 20g ● 라이스페이퍼 1장
양념소스류 ● 우메보시드레싱(p.322 참조) 30ml ● 영소스(p.321 참조) 20ml ● 피시소스 1Tbs ● 굴소스 1Tbs
● 맛술 1Tbs ● 계란 2개
가니시 ● 숙주 150g ● 실파 2뿌리 ● 팽이버섯 1/3봉

01 문어는 몸통 안쪽의 내장을 제거하고 굵은 소금을 뿌려 주물러 씻은 다음 빨판에 붙은 불순물을 뺀다. 그리고 찬물에 짠맛이 남아 있지 않도록 깨끗하게 씻는다.
큰 통에 물을 넉넉하게 끓이고 녹차를 넣는다. 문어를 통에 완전히 잠기게 넣고 12분 뒤에 건진다.
문어 다리의 빨판 밑으로 칼집을 넣고 껍질을 벗긴다.
02 문어다리를 5mm 크기로 다진다. 은행은 껍질을 벗겨 반으로 자르고, 죽순은 5mm 크기로 다진다.
두부는 가재행주에 넣고 으깨면서 물을 꼭 짠다. 닭가슴살은 잘게 다져서 믹서에 넣고 곱게 간다.
03 믹싱볼에 2의 재료를 모두 넣고 계란 1개와 전분 2Tbs를 넣고 반죽한다.
04 쟁반에 피시소스와 굴소스, 맛술을 각각 1Tbs씩 넣고 뜨거운 물을 3Tbs 넣은 다음 잘 혼합한다.
그리고 라이스페이퍼를 담가서 불린다.
05 도마 위에 불린 라이스페이퍼를 놓고 3의 반죽을 올린 다음 김밥 말듯이 만다.
라이스페이퍼의 끝에 계란 1개를 깨서 바른다.
06 165도의 기름에 5의 롤을 튀긴다.
07 숙주와 팽이버섯은 깨끗하게 씻고, 팬에 기름을 두르고 소금, 후추로 간을 하면서 센불에 빨리 볶는다.
08 튀긴 롤을 6쪽으로 자른다.
09 접시에 7의 볶은 야채를 깔고 8의 롤을 가지런히 놓는다.
10 요리 전체에 영소스를 뿌린 다음 우메보시드레싱을 뿌린다. 마지막으로 실파를 뿌린다.

낙지 와사비

정약전의 『자산어보』에 '말라빠진 소에게 낙지 서너 마리만 먹여도 벌떡 일어난다'고 적혀 있을 만큼 영양이 풍부한 스테미너 식품 낙지. 낙지 와사비는 일본의 선술집에서 쉽게 접할 수 있는 '타코 와사비'를 먹고 힌트를 얻었다. 신선한 야채와 함께 소스에 버무려진 낙지가 접시 위에 꿈틀거리는 모습은 산낙지를 좋아하는 사람들에겐 상당히 매력적일 것이다.

주재료 ● 낙지(세발낙지) 2마리 ● 무 70g ● 당근 25g
　　　　쑥갓(순) 10뿌리 ● 영양부추 소량
　　　　레몬껍질 1/4개 분량

양념소스류 ● 와사비소야드레싱(p.322 참조) 40ml
　　　　　　모도간장(p.316 참조) 2tsp ● 와사비 2tsp ● 참기름 1tsp

가니시 ● 소라껍데기 1개

01　무와 당근은 7~8cm 길이로 자르고 얇게 돌려깎기해 가늘게 채 썬다.
　　영양부추는 7~8cm 길이로 자르고, 쑥갓은 줄기는 버리고 순을 딴다.
　　재료를 찬물에 서너 차례 헹군다. 그리고 소쿠리에 옮겨 담아 물기를 뺀다.
　　실파는 총총 썰고 레몬껍질은 얇게 벗겨 채 썬다.
02　낙지를 3~4cm 길이로 재빠르게 토막낸 다음 소쿠리에 담아 생수에 씻는다.
03　믹싱볼에 모도간장, 참기름, 와사비를 넣고 2의 낙지를 담아 재빠르게 버무린다.
04　접시에 1의 재료를 1cm 두께로 깔고 그 위에 와사비소야드레싱을 뿌린다.
　　그리고 소라껍질에 남은 1의 재료를 쑤셔 넣어 낙지가 소라 안쪽까지 들어가는 것을 막는다.
05　3의 버무린 낙지를 접시의 중앙에 놓고 나머지는 소라껍질에 담는다.
06　1번의 실파와 레몬껍질을 뿌린다.

tip 소라껍질을 사용하기 위해 소라를 구매했다면
　　삶은 소라의 살을 꼬치로 꺼내어 얇게 썰어 낙지와 함께 버무려도 좋다.

오징어순대와 성게알 소스

오징어는 남녀노소 모두 좋아하는 부담없는 식품 중 하나다. 오징어의 타우린은 피로회복에 좋고 콜레스테롤을 감소시키며, 고단백저칼로리 식품이라 건강과 미용에도 좋다. 보통 오징어순대에는 양념간장을 뿌려 먹는데 나는 오징어 몸통에 미소된장으로 양념을 해 넣었으며, 간장 대신 성게알을 첨가한 기미스를 곁들였다.

주재료 ● 오징어 1마리 ● 찹쌀 50g ● 당면 20g ● 죽순 5g ● 은행 4알 ● 파 1/4뿌리
　　　　 당근 10g ● 두부 50g
양념소스류 ● 미소된장 50g ● 기미스(p.314 참조) 100ml ● 성게알 1판 ● 계란 1개
가니시 ● 크레송 20g ● 실파 1뿌리

01 오징어는 손으로 내장을 꺼내고 몸통을 깨끗이 씻어
　 다리를 3~4mm 크기로 다진다.
02 찹쌀과 당면을 물에 불린 다음 당면은 7cm 길이로 자른다.
　 은행은 삶아서 껍질을 벗기고 반으로 자른다.
　 두부는 마른수건으로 싸서 물기를 꼭 짜면서 으깬다.
　 당근과 죽순은 3mm 크기로 다진다.
　 파는 거칠게 다진다.
03 믹싱볼에 1번의 오징어다리와 2번의 재료를 모두 넣고
　 계란 1개와 미소를 넣어 버무린다.
04 오징어의 몸통에 3을 집어넣는다. 그리고 끝을 꼬치용 대나무로 꿰맨다.
05 찜통에 물을 넉넉하게 담고 물이 끓으면 4번을 35분간 찐다.
06 성게알을 숟가락으로 으깨서 기미스와 함께 냄비에 담고 약불에 끓인다.
07 크레송을 다듬어 씻고 접시의 중앙에 놓는다.
08 오징어순대는 약간 식혀 6쪽으로 자르고 접시에 담는다.
09 6번의 소스를 오징어순대 위에 올린다. 그리고 다진 실파를 뿌린다.

가리비 버터구이

중국에서는 '양귀비의 혀'로 불리는 가리비는 우리나라에선 해물탕의 소재나 일식집의 서비스안주로 상에 오르지만, 일본이나 서양에서는 이미 오래 전부터 고급 수산식품으로 자리잡았다. 실제로 가리비의 부드러우며 쫄깃한 식감과 달콤한 맛은 타의 추종을 불허한다. 이 요리는 전 직장에서 매장 오픈에 임박해 급조한 메뉴였는데 의외로 반응이 좋아 효자 노릇을 했다.

주재료 ● 가리비 5개 ● 파프리카 20g ● 아스파라거스 3개 ● 양파 30g ● 브로콜리 20g ● 가지 1개
양념소스류 ● 우메보시드레싱(p.322 참조) 2Tbs ● 발사믹리덕션(p.318 참조) 2Tbs ● 화이트와인 2Tbs
가니시 ● 크레송 35g

01 가리비는 끓는 찜통에서 10분간 찐다. (10분간 찌면 가리비가 모두 벌어진다.)
   찜통 뚜껑을 열고 벌어진 가리비에 화이트와인을 뿌린다. (화이트와인이 없다면
   청주를 뿌려도 좋다.) 그리고 3분간 더 쪄서 꺼내 껍질은 버리고 속만 사용한다.
02 아스파라거스는 껍질을 벗기고 5cm 길이로 자르고, 브로콜리는 2cm 크기로 자른다.
   양파와 파프리카는 1cm×5cm 크기로 자른다.
03 아스파라거스와 브로콜리는 끓인 물에 소금을 조금 넣고 살짝 데친다.
04 가리비와 3번의 아스파라거스, 블로콜리, 양파, 파프리카를 팬에 넣고
   버터, 소금, 후추를 넣고 살짝 볶다가 청주를 조금 넣는다.
05 가지는 10cm 길이, 지름 1.5cm 크기로 재단한 뒤 팬에 오일을 두르고 살짝 굽는다.
06 접시의 중앙에 가지를 나란히 놓고 그 위에 볶은 4를 놓은 다음 발사믹리덕션을 지그재그로 뿌린다.
07 마지막으로 크레송을 위에 덮고 우메보시드레싱을 뿌린다.
tip 이 요리는 같은 방법으로 가리비뿐만 아니라 새조개, 전복 등 대부분의 어패류 살을 이용할 수 있다.

소프트셸크랩 난반스케

'난반'은 파나 고추를 사용한 요리의 총칭이고, 난반스케는 튀긴 생선, 구운 생선, 그 밖의 야채를 난반지에 절인 음식물을 말한다. 무로마치시대 고추나 파를 많이 사용해서 만들어진 현재의 중국풍 요리를 일본인이 보고 배워서 만들기 시작했는데 그런 요리를 난반풍 요리라고 했다.

주재료 ● 소프트셸크랩 2마리 ● 감자 1개 ● 청경채 2뿌리 ● 가지 1/2개

양념소스류 ● 난반스(p.314 참조) 200ml

가니시 ● 실파 1뿌리 ● 샬롯 1개

01 소프트셸크랩을 해동한다.
02 감자는 채칼을 이용해 길게 채 썬다. 그리고 찬물에 헹궈 전분을 뺀다.
03 청경채는 2등분해서 기름을 두른 팬에 볶다가 소금, 후추, 생수를 넣고 끓인다.
04 파이팬에 전분 2Tbs를 담고 소프트셸크랩을 전분으로 버무려 170도의 기름에 튀긴다.
05 2번의 감자를 둥글게 말아 170도의 기름에 튀긴다.
06 가지는 반을 쪼개 팬에 기름을 두르고 굽는다.
07 접시의 중앙에 가지를 놓고 둥글게 튀긴 감자채를 그 위에 올린다.
08 튀긴 소프트셸크랩을 청경채 위에 올리고 난반스를 붓는다.
09 소프트셸크랩에 샬롯과 실파찹을 자연스럽게 뿌린다.

소프트셸크랩과 녹두당면 찜

태국에 가면 쉽게 먹을 수 있는 요리다. '꿍 읍 운센', '뽕가리 읍 운센' 등 들어간 주재료에 따라서 여러 가지로 만들어지는데 나는 생강과 마늘, 참기름을 첨가해 한국인이 좋아하는 잡채와 비슷한 느낌으로 만들었다.

주재료 • 소프트셸크랩 2마리 • 운센(녹두당면) 60g • 생강 15g • 마늘 3쪽 • 청양고추 2개 • 케일 2~3장
양념소스류 • 피시소스 10ml • 청주 40ml • 맛술 15ml • 설탕 10g • 참기름 1Tbs • 다진 마늘 1tsp
 굴소스 1tsp
가니시 • 고수 2줄기

01 운센은 찬물에 불린다.
02 소프트셸크랩은 자연 해동한다.
03 생강과 마늘은 2mm 두께로 납작하게 자른다. 청양고추는 송송 자른다.
04 뚝배기 바닥에 3에서 썬 생강을 깔고 그 위에 케일을 덮는다.
05 피시소스, 청주, 맛술, 다진 마늘, 설탕, 참기름, 굴소스를 믹싱볼에 넣고 고루 섞는다.
06 소프트셸크랩과 1번의 불린 운센을 2등분해서 믹싱볼에 넣고 모두 버무린다.
07 4번의 뚝배기에 6번의 운센을 담고 그 위에 소프트셸크랩을 올린다.
08 뚝배기를 쿠킹호일로 덮고 10분간 약불에 올린다.
09 고수를 올린다.

포트와인소스의 스위트 크랩

나는 조리용 와인으로 포트와인을 많이 사용하는데 이는 더운 주방의 화덕 옆에서도 보존성이 강하고, 시큼하거나 드라이한 맛이 적어 맛이 좋기 때문이다. 특히 졸여서 사용하는 경우에는 부드럽고 깊은 맛을 느낄 수 있다. 포트와인소스의 스위트 크랩은 와인의 풍미가 킹크랩 곳곳에 잘 배어들어 깊은 맛을 내는 요리이다.

주재료 ● 킹크랩 다리 8개 ● 청경채 3뿌리
양념소스류 ● 포트와인소스(p.325 참조) 100ml ● 레몬크림소스(p.315 참조) 120ml ● 마른 전분 2Tbs
가니시 ● 바질 1송이

01 살아있는 킹크랩을 물을 충분하게 담은 찜통에서 20분 동안 찐다. 찜통에 킹크랩을 넣을 때 등 쪽이 아래를 향하게 하면 킹크랩 내장이 등 뚜껑에 자연스레 담겨 좋다. 만약 등 쪽이 위로 올라가면 킹크랩의 내장이 아래로 쏟아지는 경우가 있으므로 주의한다.

02 킹크랩 다리의 껍질을 제거하고 살을 빼서 소금, 후추를 살짝 뿌리고 마른 전분을 곳곳에 뿌린 다음 찜통에 5분간 찐다.

03 청경채는 소금을 뿌려 찜통에서 5분간 찐다.

04 냄비에 포트와인, 양파, 버터를 넣고 졸여 포트와인소스를 만든다.

05 레몬크림소스 120ml를 살짝 달군 팬에 붓는다. 그리고 2의 뜨거운 킹크랩 살을 레몬크림소스 위에 넣고 불을 세게 키운다. 팬 위의 킹크랩다리살에 소스가 코팅이 되도록 굴리며, 이 때 팬을 불 위에 너무 오래 두면 레몬크림소스가 완전히 투명하게 변질되므로 게살에 코팅이 될 정도까지만 굴린다.

06 접시에 뜨거운 포트와인소스를 담고 중앙에 3번에서 준비한 청경채를 가지런하게 놓는다. 그리고 그 위에 졸인 게 다리살을 가지런하게 담는다.

07 킹크랩 위에 바질을 꼽는다.

tip 포트와인은 와인에 브랜디를 섞어 알코올 도수를 15도 이상으로 높인 포르투갈의 스위트한 '주정강화와인' 이다. (더불어 스페인의 '셰리' 도 포르투갈의 포트와인과 함께 유명한 주정강화와인이다.) 이는 달고, 강하고, 짙은 맛의 와인으로 '술은 도수가 낮은 것부터 높은 것 순으로' 라는 원칙대로 '식후주' 로 많이 애용된다. 그리고 식후주는 식후에 즐기는 디저트에서 알 수 있듯이 드라이한 맛보다 단맛이 강한 술이 많이 사용되며 간단하게 한잔 정도로 마무리 한다.(주정강화와인은 보통 375mm/bottle의 규격으로 판매된다.) 최근 미국이나 칠레의 신대륙와인도 포트와인이 수입되는데 값이 비교적 저렴하고 품질이 좋다.

에스카르고스타일의 전복구이

전복은 고둥류 중 가장 맛이 뛰어나며, 한방과 실용서적에 빠지지 않고 나올 만큼 많은 효과가 있다. 주로 회로 먹지만 에스카르고스타일의 전복구이에서는 프랑스의 달팽이요리처럼 만들었다. 버터와 마늘이 함께 어우러진 전복의 풍미가 일품인 요리다.

주재료 ● 전복 2마리

양념소스류 ● 버터 3Tbs ● 빵가루 2Tbs ● 다진 파슬리 2tsp ● 마늘 2쪽 ● 화이트와인 2Tbs

가니시 ● 캐비어 2tsp ● 래디시 소량 ● 꽃소금 1컵 ● 계란 1개

01 숟가락을 뒤집어 전복껍데기에서 살을 떼어내고 내장과 입을 제거한 다음, 살에 5mm 깊이의 칼집을 넣는다.

02 팬을 달구고 화이트와인과 전복을 넣어 재빠르게 살짝 볶는다.(오래 볶지 않는다.)

03 버터는 미리 상온에 보관해 물컹하게 만든다. 파슬리는 2mm 크기로 다지고, 마늘은 강판에 곱게 간다.

04 3의 재료와 빵가루, 2의 전복을 모두 섞는다.

05 200도로 예열된 오븐에 10분간 굽는다.

06 믹싱볼에 꽃소금을 담고 계란을 섞어 점도가 있도록 반죽한다.

07 접시에 6의 소금으로 단을 만들고 그 위에 전복껍질을 올린다.

08 전복껍질 안에 오븐에 구운 전복을 넣고 얇게 썬 래디시를 놓은 다음 캐비어를 담는다.

tip 에스카르고 조리법

에스카르고는 프랑스산 식용 달팽이를 말한다. 프랑스에서 에스카르고 조리법은 20여 가지가 넘지만 가장 일반적으로 알려진 것은 껍질에서 분리해낸 달팽이를 밑손질해 살을 익힌 다음 다시 껍질에 채우고, 소금, 후추, 다진 마늘, 파슬리를 섞어 만든 향신버터를 가득 채워 오븐에 굽는 방법이다. 이 요리를 일반적으로 '에스카르고'라고 부른다.

가쓰오지의 소라구이

소라는 봄부터 여름철이 제철로, 식용촉진에 효과가 있어 밥을 잘 먹지 않는 어린이나 병후 회복기의 사람에게 입맛을 되찾아주는 것으로 알려져 있다. 가쓰오지의 소라구이는 소라, 죽순, 은행 등 여러 가지 재료를 소라의 껍질 속에 넣어 만든 애피타이저로 입맛을 돋우는 역할뿐만 아니라 골라먹는 재미도 있는 요리다.

주재료 ● 참소라 2마리 ● 양파 10g ● 실파 1뿌리 ● 은행 2알 ● 죽순 10g
양념소스류 ● 다시마 1장 ● 가쓰오부시 1/2컵 ● 버터 소량 ● 간장 ● 맛술
가니시 ● 메추리알 1개 ● 소금 1컵 ● 계란 1개

01 냄비에 물 1리터를 넣고 다시마(15cm×15cm 크기)를 넣은 다음 약불로 끓인다.
    물이 끓으면 다시마를 건지고 불을 꺼, 가쓰오부시 1/2컵을 넣고 20분 뒤에 체에 거른다.

02 소라는 삶거나 찐 다음 꼬치를 이용해 살을 빼고 내장을 제거한다.
    그리고 2mm 두께로 납작하게 자른다.
    은행은 삶아서 껍질을 벗긴다. 죽순은 1.5cm 크기로 납작하게 자른다.
    양파와 실파는 3cm 길이로 채 썬다.

03 냄비에 1의 가쓰오다시물 200ml와 2에서 손질한 재료를 넣는다.
    국간장, 진간장으로 간을 하고 맛술을 조금 넣고 끓인다.

04 소라껍질을 깨끗하게 씻고 그 안에 3의 재료를 모두 넣는다.
    그리고 메추리알을 깨서 소라의 중앙에 담는다.

05 석쇠를 불판에 올리고 소라가 쓰러지지 않도록 잘 세운 다음
    메추리알이 반숙이 되도록 약불로 살짝 굽는다.

06 믹싱볼에서 소금과 계란을 같이 반죽해 접시에 소복하게 담고
    5의 소라를 쓰러지지 않도록 소금 위에 고정시킨다.

애비신죠

신죠는 흰살생선이나 갑각류의 살을 잘 다지고 칡전분, 미림, 소금 때로는 계란을 으깨 섞어 부드럽게 데치거나 쪄서 만든 요리를 말한다. 이 요리는 짤주머니에 남아 있던 새우완자 반죽을 이용해 만들었다. 감자채를 틀에 감고 그 안에 짤주머니에 들어 있던 반죽을 감자 안에 집어넣어 고객에게 서비스 안주로 드렸는데 오히려 정식메뉴인 새우완자탕보다 더 반응이 좋았다. 애비신죠의 달콤하면서 쫄깃한 맛과 블루치즈드레싱의 깊고 시원한 맛이 잘 조화를 이룬 것도 한몫을 했다.

주재료 ● 중하 새우 2마리 또는 새우살 120g ● 갑오징어살 120g ● 칡전분 40g ● 감자 2개
  청경채 2뿌리

양념소스류 ● 블루치즈드레싱(p.318 참조) 20ml

가니시 ● 연어알 소량 ● 캐비어 소량

01 감자를 채칼로 길게 채 썬 다음 물에 헹궈 전분을 제거한다.
02 새우는 머리와 꼬리를 칼로 자르고 몸통은 껍질을 벗겨 내장을 제거한다.
   갑오징어살은 껍질을 벗기고 잘게 채 썬다.
03 칡전분은 절구에 찧어 부순 다음 물을 조금씩 섞어 질퍽하게 반죽한다.
04 2번에서 준비한 새우살과 오징어살을 믹서로 간 다음 3번의 전분을 넣고
   계란 1개, 소금, 후추, 청주를 넣고 반죽을 만들어 짤주머니에 넣는다.
05 원형틀 안쪽으로 1번에서 준비한 감자채를 돌려 넣는다.
   그리고 중앙에 짤주머니의 새우반죽을 짜 넣고,
   새우를 반으로 자른 다음 중앙의 새우 반죽에 꼽는다.
06 160도의 기름에 튀긴다. (처음 넣을 때 내용물이 빠지지 않도록 조심한다.)
07 청경채는 반으로 나누고 깨끗하게 씻어 소금을 첨가한 끓는 물에 살짝 데친다.
08 데친 청경채를 접시의 바닥에 깔고 튀긴 애비신죠를 그 위에 올린다.
09 블루치즈드레싱을 2tsp씩 티스푼으로 올리고 연어알과 캐비어를 올린다.

미소소스를 곁들인 대하구이

일반적인 새우요리는 동남아에서 수입되는 종류인 '블랙타이거'를 사용한다. 그러나 나는 구이와 탕은 예외라고 생각한다. 구이와 탕은 오랫동안 가열하면 새우살이 단단해지기 때문에 10월에 출하되는 서해산 대하를 사용하는 게 좋다. 이 요리도 국내산 대하를 사용해 부드러운 새우구이로 만들었고, 고소하고 달콤한 미소소스를 곁들였다.

주재료 ● 대하새우 2마리

양념소스류 ● 내리미소소스(p.315 참조) 30ml ● 마요네즈 30ml ● 양파 20g ● 실파 2뿌리

가니시 ● 대나무잎 1장 ● 생강순 1개

01 대하새우의 등쪽 방향을 앞으로 놓고 머리 밑부터 꼬리까지 칼을 넣어 벌린다.

02 대하새우의 등 안쪽에 내장이 있으면 제거한다.(내장이 없는 경우도 있다.)

03 새우를 찬물에 깨끗하게 씻는다.

04 양파는 3mm 크기의 정육면체로 다지고, 실파는 2mm 크기로 다진다.

05 믹싱볼을 준비해 내리미소소스와 마요네즈, 4번의 양파와 실파를 섞는다.

06 오븐을 200도까지 예열한 다음, 새우를 배 쪽이 위로 향하게 하여 5~10분간 굽고 살 쪽이 위로 올라오도록 뒤집는다.

07 5번의 준비한 소스를 숟가락으로 퍼서 새우의 살에 바른다. 그리고 다시 오븐에 넣고 10분 동안 굽는다.

08 접시에 대나무잎을 깔고 구운 대하새우를 놓은 다음 생강순으로 가니시한다.

칠리새우

한때 칠리새우, 마요네즈새우, 찹쌀탕수육, 누룽지탕 등이 붐이 일었던 적에, 가까이 위치해 있던 중식당의 부주방장 이석원 셰프에게 찾아가 배운 요리이다. 배우고자 마음먹고 일 년 만에 배운 요리라 더욱 소중했는데, 오랫동안 잘 써먹은 메뉴 중 하나이기도 하다. 이 메뉴는 다양한 야채를 첨가해 보통의 칠리새우보다 훨씬 풍성하고, 영양적으로도 균형을 맞춘 것이 특색이다.

주재료 ● 중하새우 7개 ● 양상추 40g ● 라디치오 10g ● 겨자잎 15g ● 치커리 15g ● 비타민 10g
양념소스류 ● 전분 3tsp ● 칠리새우소스(p.324 참조) 120ml ● 고추기름 1tsp
　　　　　허니진저드레싱(p.325 참조) 30ml
가니시 ● 실파 1뿌리 ● 양파 50g ● 땅콩 4개 ● 비트 소량

01 양상추, 라디치오, 겨자잎, 치커리, 비타민을 손으로 뜯어 찬물에 담가 깨끗하게 씻은 다음, 소쿠리에 옮겨 물기를 뺀다. 양파는 얇게 채를 썰어 찬물에 담가 매운맛을 제거한다.
02 대하새우는 머리와 껍질을 제거하고 등에 칼집을 넣어 내장을 제거한다.(가끔 내장이 없는 것도 있다.) 그리고 깨끗하게 씻는다.
03 팬에 전분 2Tbs을 담고 2의 새우에 전분을 꼼꼼하게 입힌다.
04 기름을 165도로 예열한 다음 3번의 새우를 튀긴다.
05 팬을 불 위에 올려 예열한 다음 칠리새우소스를 넣고 끓인다.
06 5번이 끓기 시작하면 튀긴 새우를 넣고 소스에 굴려준다. 마지막으로 고추기름을 뿌린다.
07 접시에 1번에서 준비한 믹스샐러드(양상추, 라디치오, 겨자잎, 치커리, 비타민)를 깔고 허니진저드레싱을 지그재그로 뿌린다.
08 믹스샐러드 중앙에 새우요리를 놓은 다음 양파슬라이스를 올린다.
09 땅콩을 칼로 거칠게 부수듯이 썰어 실파와 함께 요리 전체에 뿌리고, 비트채를 올린다.

크림 쉬림프

보통 마요네즈새우는 고소하기는 하지만, 자칫하면 느끼하거나 입에 끈적일 수가 있다. 소스에 휘핑한 생크림을 첨가하고 레몬주스를 넣으면 훨씬 깔끔하면서도 상큼한 느낌의 새우요리를 만들 수 있다. 크림 쉬림프는 마요네즈의 느끼함은 줄이고 새우의 생생함을 최대한 살린 메뉴이다.

주재료 ● 대하새우 3마리 ● 청경채 3뿌리
양념소스류 ● 레몬크림소스(p.315 참조) 90ml ● 허니진저드레싱(p.325 참조) 30ml
● 발사믹리덕션(p.318 참조) 20ml ● 전분 2Tbs ● 닭육수 200ml
가니시 ● 파마산치즈 ● 땅콩가루 1/2Tbs ● 실파 1뿌리

01 대하새우는 머리와 껍질을 제거하고 등에 칼집을 넣어 내장을 제거한다.
(가끔 내장이 없는 것도 있다.) 그리고 깨끗하게 씻는다.
02 팬에 전분을 2Tbs 담은 다음 1의 새우에 전분을 꼼꼼하게 입힌다.
03 기름을 165도로 예열을 하고 2번의 새우를 튀긴다.
04 청경채는 2등분 또는 4등분해서 기름을 두른 팬에 볶다가 닭육수를 붓고
소금을 조금 첨가해 끓인다.
05 프라이팬을 달군 다음 레몬크림소스 90ml를 붓고 튀긴 새우를 넣어 살짝 볶는다.
(너무 오래 볶으면 새우에 붙은 전분이 끈적거린다.)
06 접시에 4번의 청경채를 놓고 허니진저드레싱을 지그재그로 뿌린다.
그 위에 5번의 새우를 올린다.
07 새우 위에 발사믹리덕션을 뿌리고 파마산치즈를 조금씩 뿌린 다음,
땅콩가루와 다진 실파로 마무리한다.

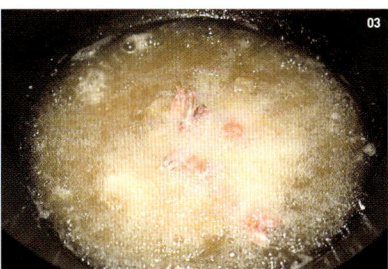

갈릭 소이 쉬림프

갈릭 소이 쉬림프는 태국과 홍콩으로 요리출장을 갔을 때 발견하고 응용한 메뉴다. 그곳에서는 볶음요리에 마늘과 샬롯을 많이 사용했는데, 특히 마늘을 바삭하게 튀겨 볶음요리에 섞는 것이 인상적이었다. 돌아와서 바로 시도해보았지만, 마늘이 끈적거려서 여러 번 시행착오를 겪었고, 결국 마늘을 다져 물에 씻은 다음(매운맛을 뺀다.) 기름에 튀겨 다시 고추와 함께 오일에 재우는 것으로 마무리했다. 이 오일에 재운 마늘은 볶음요리뿐만 아니라 샐러드, 가니시로 사용해도 좋다.

주재료 ● 대하새우 3개 ● 아스파라거스 3개
● 오일에 절인 마늘 3Tbs ● 청경채 3뿌리

양념소스류 ● 굴소스 1tsp ● 전분 1Tbs ●
다진 마늘 1tsp
데리야키소스(p.315 참조) 1tsp
치킨스톡 3tsp

01 오일에 절인 마늘을 만든다.
   마늘을 5mm의 정육면체 크기로 거칠게 다진다.
   따끈한 물에 다진 마늘을 담가서 씻는다. 물을 서너 차례 갈아주면서 반복한다.
   마늘을 체에 걸러 물기를 뺀다.
   160도의 기름에 마늘을 튀긴다. 기포가 거의 나지 않으면 마늘을 건진다.
   (수분이 빠졌기 때문에 기포가 나지 않는다.)
   마늘이 완전히 식으면 올리브오일에 태국고추 몇 개를 부숴 넣고 마늘을 재워둔다.
   (오일에 담가도 마늘이 눅눅해지지 않는다.)
02 청경채는 2등분 또는 4등분한다.
   그리고 뜨겁게 달군 팬에 기름을 두르고 다진 마늘 1tsp을 넣고 볶다가 생수 200ml를 붓고 데쳐낸다.
03 중하새우는 머리와 껍질을 벗기고 등 쪽에 칼집을 넣어 내장을 제거한 다음 깨끗하게 씻는다.
04 파이팬에 전분을 담고 3번의 새우를 전분에 무쳐 165도의 기름에 튀긴다.
05 아스파라거스는 줄기부분의 껍질을 벗기고 끓는 물에 데쳐서 5cm 길이로 자른다.
06 팬에 기름을 넉넉하게 두르고 굴소스, 데리야키소스, 3번의 새우와
   5번의 아스파라거스를 넣고 볶는다.
07 1번의 마늘과 치킨스톡을 넣고 더 볶는다.
08 접시에 2번의 청경채를 깔고 볶은 요리를 담는다.
   (적양파를 얇게 채 썬 다음 찬물에 헹궈 곁들여도 좋다.)

내리미소소스의 새우와 아스파라거스

그리스·로마시대부터 먹기 시작한 아스파라거스는 현대에 와서는 칼륨과 비타민 A가 많아 다이어트식품으로 각광을 받고 있는 인기 식재료다. 이 메뉴는 감미로운 새우와 아스파라거스, 그리고 고소하고 달콤한 내리미소소스의 어울림이 좋은 전채요리다. 국내산 새우에 야채와 향신료의 맛을 들이며 삶았다.

주재료 ● 중하새우 3개 ● 아스파라거스 2개 ● 가지 1/2개
양념소스류 ● 내리미소소스(p.315 참조) 30ml ● 청주 30ml ● 통후추 1Tbs ● 월계수잎 2~3장 ● 레몬 1/4개
● 대파 1/2뿌리 ● 마요네즈 30ml
가니시 ● 실파찹 1뿌리 분량 ● 가쓰오부시 소량

01 중하새우는 머리와 껍질을 벗기고 등 쪽에 칼집을 넣어 내장을 제거한다. 그리고 깨끗하게 씻는다.
02 냄비에 물 1리터를 붓고 통후추 1Tbs와 월계수잎 2~3장, 레몬 1/4개, 대파 1/2뿌리, 소금 2tsp, 청주 30ml를 넣은 다음 야채의 맛이 우러나도록 중불에 15분 이상 끓인다.
03 새우를 2의 냄비에 넣고 끓인다.
04 불을 끄고 냄비를 통째로 찬물에 중탕해서 식힌다.
(새우를 건져내지 않고 그대로 식히면서 야채의 맛이 새우에 남게 한다.)
05 아스파라거스는 껍질을 벗기고 끓는 물에 살짝 데친다.
06 아스파라거스와 가지는 5cm 길이로 자르고 팬에서 살짝 볶는다. 볶을 때 소금, 후추를 뿌린다.
07 내리미소스에 마요네즈를 섞어 미소소스를 만든다.
08 접시의 중앙에 가지와 아스파라거스를 놓고 미소소스를 뿌린다.
09 접시의 가장자리에 새우를 놓는다.
10 가쓰오부시와 실파를 뿌려 가니시한다.

tip 아스파라거스 보관법
아스파라거스는 오래되면 줄기가 마르면서 끝부터 무르기 시작한다.
특히 줄기가 무르면 섬유질이 생겨 먹기 힘들다.
오래 보관하려면 아스파라거스를 고무줄로 묶고 신문지로 잘 싼 다음,
물에 적셔 물기를 적당히 짠 행주로 신문지를 둘러 냉장고에 보관하면 좋다.

가쓰오국물의 새우완자탕

탱탱한 새우완자와 깊은 맛의 가쓰오부시 국물이 잘 어울리는 탕. 요리에 사용한 칡전분(일본어로는 '구즈꼬'라고 한다.)은 다른 전분과 비교할 때 질감이 곱고 맛이 깔끔하며 가격 또한 비싸다. 일본에서는 이를 이용한 요리를 많이 하는데 떡, 앙가께(갈분을 넣어 걸쭉해진 양념을 주재료에 뿌리는 요리), 고마도후(참깨두부), 구즈와리(갈분을 물에 개어 설탕을 넣고 끓여 굳힌 것) 등이 있다.

주재료 ● 새우 또는 새우살 120g ● 갑오징어살 60g ● 도미살 60g ● 칡전분 40g

양념소스류 ● 가쓰오부시 1/2컵 ● 다시마(10cm×10cm) 1장 ● 진간장 1Tbs ● 국간장 1Tbs ● 맛술 1.5Tbs
● 청주 1.5Tbs ● 소금 2tsp ● 시치미(칠미) 1tsp

가니시 ● 대파 3뿌리 ● 샥스핀 10g ● 쑥갓 1뿌리

01 새우는 머리와 꼬리를 칼로 자르고 몸통은 껍질을 벗기고 내장을 제거한다.
   칡전분은 절구에 곱게 갈고 고운체에 거른 다음 물을 섞어 질퍽하게 반죽한다.
   새우살과 오징어살, 도미살을 잘게 다진 다음 믹서로 곱게 갈아서 칡전분과
   계란 1개, 소금, 후추, 청주를 넣고 반죽을 만들어 짤주머니에 넣는다.

02 찜통에 물을 2/3이상 붓고 끓인다.

03 찜통의 물이 끓으면 삶은 가재수건 또는 김발을 찜통바닥에 깔고
   짤주머니에 넣은 새우반죽을 원하는 크기로 떼어 놓는다.
   그리고 뚜껑을 덮고 20분 동안 찐다. 샥스핀도 같이 찐다.

04 냄비에 물 1.5리터를 붓고 다시마(10cm×10cm)를 넣어 약불로 끓인다.
   물이 끓으면 다시마를 건지고 불을 끈 다음 가쓰오부시 1/2컵을 넣고 25분간 식힌다.
   고운 체를 이용해 걸러 가쓰오다시물을 완성한다.

05 빈 냄비에 가쓰오다시물 1.2리터를 붓고 대파 2뿌리를 길게 반을 쪼개서 넣은 다음,
   진간장 1Tbs, 국간장 1Tbs, 맛술 1Tbs, 청주 1Tbs를 넣고 소금으로 간을 한다.

06 5번의 가쓰오다시물을 대접에 담고 3번에서 만든 완자를 넣는다.
   그리고 쑥갓순을 띄우고 송송 썬 대파를 넣고 시치미(칠미)를 뿌린다.

tip 새우완자 반죽으로 아이와 함께 여러 모양을 만들어 보는 것도 재미있다.
   사용하고 남은 반죽은 모두 쪄서 냉동시킨 다음 조금씩 꺼내어 사용한다.

그릴드 랍스터와 아스파라거스

구운 해산물에는 크림소스가 잘 어울리는데, 나는 크림소스에 홀그레인머스터드와 라임주스를 같이 사용해 산뜻한 소스의 맛을 강조했다. 잘 구운 랍스터에 느끼하지 않은 깊은 맛의 소스는 궁합이 잘 맞는다.

주재료 ● 랍스터 3마리 ● 아스파라거스 3개
양념소스류 ● 올리브오일 1Tbs ● 화이트와인비네거 1Tbs ● 브랜디 1Tbs ● 홀그레인머스터드 2tsp ● 라임주스 2.5Tbs
크림소스재료 ● 감자 70g ● 양파 70g ● 마늘 2쪽 ● 대파(흰 부분) 1줄기 ● 샐러리 1대(10cm) ● 생크림 200ml ● 우유 200ml ● 파마산치즈파우더 3Tbs ● 버터 2tsp
가니시 ● 라임(웨지) ● 타임 1줄기

01 랍스터의 머리와 꼬리를 분리하고 꼬리는 길게 반을 쪼갠다.
02 아스파라거스의 껍질을 벗기고 7cm 길이로 자른 다음 소금을 첨가한 물에 숨이 죽을 정도로 데친다.
03 물에 10배 희석한 화이트와인에 랍스터를 30분간 재워 소금기를 제거한다.
04 크림소스를 만든다.

    감자와 양파, 마늘, 샐러리, 대파는 모두 얇게 썰고 버터를 녹인 팬에 볶는다.

    이때 소금과 후추를 조금 넣는다. 우유와 생크림을 붓고 끓으면 불을 약하게 줄인다.

    파마산치즈파우더를 뭉치지 않도록 넣고, 전체를 믹서에 갈아 준비한다.

    마지막으로 홀그레인머스터드와 라임주스를 섞어 끓인다.

05 랍스터를 건져 행주로 물기를 제거하고 후추를 뿌린다.
06 뜨겁게 달군 팬에 오일을 두르고 랍스터를 껍질 쪽부터 굽는다.(팬프라이 한다.)
07 화이트와인비네거와 브랜디를 굽고 있는 랍스터 위에 뿌린다.

    (팬이 상당히 뜨겁기 때문에 치직치직 소리가 난다.)

08 앞뒤로 노릇하게 구워진 랍스터를 파이팬에 담아 180도의 오븐에 5분간 굽는다.
09 접시에 랍스터를 담는다.
10 팬에 미리 만든 크림소스와 아스파라거스를 넣고 끓인다.
11 접시의 랍스터에 10번에서 끓인 크림소스와 아스파라거스를 뿌린다.
12 레몬과 타임(프레시 허브)으로 장식한다.

tip 랍스터 고르기

우리가 흔히 알고 있는 랍스터는 집게가 달린 캐나디언 랍스터를 지칭한다.

이것은 캐나다 노바스코 지방에서 주로 생산되어 전 세계로 수출되기 때문에

캐나디언 랍스터라고 불리게 된 것. 그리고 양쪽 어깨에 긴 뿔이 달려 있고 집게발이 없으며

따뜻한 바닷물에 사는 랍스터가 있는데, 나는 이 뿔이 있는 랍스터를 더 좋아한다.

육질이 탄력 있고(캐나디언은 단단하다.) 구이를 할 경우 수축이 덜 되기 때문이다.

시중에서 유통되는 랍스터는 살아 있는 것과 냉동된 것, 꼬리만 냉동된 제품이 있는데

뿔이 달린 랍스터는 살아 있는 상태의 것은 구하기가 쉽지 않다.

그리고 갑각류 특성상 냉동된 제품이 생물보다 퀄리티 저하가 심하지 않고,

꼬리와 집게발을 제외한 몸통은 살이 없어 '회'로 먹지 않는다면

반드시 값비싼 살아 있는 랍스터를 구입할 필요는 없다.

  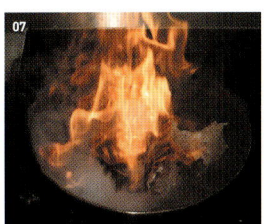  

석화와 홀스래디시와인소스

대부분 굴을 초고추장에 찍어 먹지만 나는 타바스코와 홀스래디시를 이용한 깔끔하고 강한 맛을 내는 홀스래디시와인소스를 사용했다. 홀스래디시와인소스는 매콤하면서 새콤한 맛과 향이 고추장과 비슷하면서도 서양인이 좋아할 만한 요소를 갖추고 있다. 석화를 새롭게 먹어볼 수 있는 기회가 될 것이다.

주재료 ● 석화 12개
양념소스류 ● 고추 1개 ● 마늘 1쪽 ● 실파 1뿌리
　　　　　　홀스래디시와인소스(p.325 참조) 2Tbs
가니시 ● 레몬 1/2개 ● 얼음

01 석화를 손질한다.
　 숟가락을 뒤집어 석화를 하나씩 떼어 낸다.
　 염도 1% 소금물에 석화를 하나씩 씻는다. 껍질도 각각 하나씩 씻어 굴을 껍질에 담는다.
02 고추는 2mm 크기의 사각으로 썰어 물에 살짝 헹구고, 실파는 다진다.
　 마늘은 가늘게 채 썰어 물에 헹군다.
03 얼음을 거칠게 부숴 접시에 담는다.
04 석화를 접시의 가장자리에 돌려가며 놓는다.
05 2번에서 준비한 야채를 석화 위에 조금씩 올린다.
06 홀스래디시와인소스를 작은 그릇에 담아 접시의 중앙에 놓고 레몬을 크게 썰어 그 옆에 놓는다.

tip 굴 이야기
굴은 10월부터 이듬해 4월까지 생산된다.
그렇지만 그 굴을 한겨울과 다름없이 한여름에도 먹을 수 있는데, 급속냉동한 굴이 있기 때문이다.
냉동굴은 굴이 많이 나고 또 가장 맛이 있을 때(1월부터 4월) 생산된 굴을 개체별로 급속냉동한 것이다.
굴은 다른 패류보다 소화가 훨씬 잘 되는 식품이어서 어린이나 노약자에게도 권장하고 있으며
예로부터 빈혈과 간장병환자의 체력회복에 매우 좋은 식품으로 알려져 있다.
특히 칼슘은 약으로 보충하려 해도 쉽게 흡수되지 않는데 굴은 칼슘 흡수가 가장 빠른 식품으로
알칼리성 체질을 만들어 피를 맑게 해준다. 성인병, 당뇨병, 고혈압, 심장병에도 효과가 있으며
칼로리가 적어 비만을 막고 얼굴빛을 희게 하는 미용식품으로 각광 받고 있다.
서양 사람들은 굴을 정력제로 생각하여 "Eat Oysters, Love longer!"
(굴을 먹어라, 사랑을 오래 할 것이다.)라고 했다. 굴에 많은 글리코겐과 아연은 에너지 원천이며
특히 아연은 정액에 다량 함유되어 있어 성호르몬 활성화에 중요한 역할을 한다.

대합소금구이

다른 조개에 비해 조갯살이 푸짐하고 쫄깃해 여러 요리재료로 많이 이용되는 백합은 특히 부드러운 육질이 일품이다. 우리나라 서해안과 일본의 갯벌에서 주로 서식하는데, 바닷물과 민물이 합하는 지역에서 많이 생산된다. 대합소금구이는 대합 본연의 풍미를 살려주기 위해 소금으로만 간을 하였고, 라임으로 가니시해서 퓨전의 느낌을 살렸다.

주재료 ● 대합 2개
양념소스류 ● 청주 소량
가니시 ● 소금 1.5컵 ● 계란 1개 ● 라임 또는 레몬

01 대합은 깨끗하게 씻어 물 1리터에 소금 30g을 넣어 녹인 짠물에 담아 해감시킨다.
02 믹싱볼에 소금을 담고 계란과 소금과 함께 반죽해 끈적하게 만든 다음
   접시에 소복하게 담는다.
03 오븐을 200도로 예열한다.
04 쿠킹호일로 작은 그릇을 만들어 대합을 담고 대합의 껍질 윗부분에 2번의 소금을 붙인다.
   그리고 오븐에 넣어 굽는다. 조개에 따라 약간의 시간차이가 있는데
   10분 정도 구웠을 때 뚜껑이 스스로 열린다.
05 구워진 대합을 국물이 흐르지 않도록 조심해서 소금 위에 올린다.
06 라임을 얇게 썰어 대합 사이에 끼운다.

내가 먹은 초밥

점심시간에 밀려들던 주문의 기세가 한풀 꺾이면 주방에서는 각자 자신이 담당하는 재료 보관통을 모두 꺼내 신선도와 재고 여부를 확인한다. 그리고 당일 저녁과 다음 날 점심까지 사용할 것들을 준비하느라 또 한 번 바쁜 시간이 시작된다. 아침에 입고되어 손질해놓은 신선한 생선과 야채를 바로 요리할 수 있도록 커팅과 포션 작업을 하고, 다음 날 입고해야 할 품목은 주방 벽에 붙어 있는 화이트보드에 적어놓으면 발주 담당 직원이 취합해서 주문한다.

오후 두시, 오늘은 일찍부터 부지런을 떤 탓도 있지만 어제 이미 많은 양을 준비했기 때문에 재료 준비가 일찍 끝났다. 동료 J는 이미 30분 전에 오늘 첫 출근한 신참과 함께 공산품을 받으러 지하에 있는 구매과와 검수장에 내려갔다. J는 나보다 몇 개월 늦게 입사한 탓에 중요한 일을 배울 때마다 나한테 밀리는 것이 늘 불만이다. 그런 탓인지 호시탐탐 내 역할을 노리는 녀석이다.

"형, 나 빨리 다녀올게. 내 것도 좀 남겨줘."

녀석이 남겨달라는 것은 초밥 만드는 일이다. 오늘은 연회장에 500명 인원의 결혼식 예약이 있는데 일식당에서 초밥과 김밥을 준비해서 다섯시까지 연회장에 내려줘야 한다. 초밥 만드는 일을 배운 지 얼마 되지 않은 나는 그 일에 한참 재미가 붙어 있던 참이다. 그래서 하나라도 더 만들어보려는 욕심으로 다른 날보다 더 서둘렀다.

그런 나를 지켜보던 주방장이 말했다.

"옛날에는 이 년 동안 설거지를 해야 겨우 초밥을 지을 수 있었어. 너희들이 여기서 초밥을 지을 수 있다는 건 좋은 기회야. 참, 세상 좋아졌다."

불과 몇 년 전만 해도 검소하게 사는 것이 사회적인 덕목처럼 여겨졌던 터라 결혼식에서 초밥을 먹는 일이 흔하지 않았다는 이야기다. 게다가 우리 업장에 조리사가 부족해 나에게 기회가 돌아온 것도 행운이었다.

나는 초밥 짓기에 가장 좋은 자리를 먼저 차지했다. 행주로 작업대를 닦고 실버트레이 다섯 개를 왼쪽에 놓았다. 중앙에는 레몬 한 쪽을 담은 물그릇과 전날 새벽에 만든 초밥 생선이 담긴 6인치 서드팬을, 오른쪽에는 와사비 그릇을 준비했다. 좋았어, 준비는 끝났고 이제 시작!

신나게 초밥을 만들기 시작했다. 현재 시각은 두시, 연회용 초밥은 1인분을 두 개로 계산해서 모두 1,000개를 다섯시까지 만들면 된다. 초밥용 생선은 미리 썰어 6인치 규격의 사각통에 쌓아두었다. 도미, 참치, 연어, 문어, 새우를 모두 한 통씩 준비했고 각각의 통에는 정확하게 200조각이 들어가 있다.

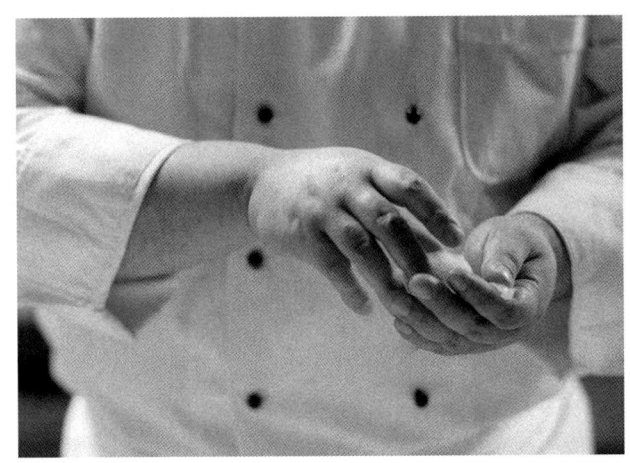

주방장이 지시한 대로라면 이 초밥생선을 만드는 일은 오늘 조식 근무인 J의 몫이었다. 그러나 초밥생선 만드는 일을 다른 사람한테 물려주기 싫었던 나는 욕심을 부려 어젯밤 늦게까지 모조리 나 혼자 해치워버렸다.

초밥 만드는 일에 탄력이 붙을 즈음 J가 어제 입사한 신참과 함께 카트에 재료를 산더미만큼 싣고 허둥거리며 주방에 도착했다.

"형, 얼마나 했어?"

"두 판 거의 다 만들고 세 판째 시작할 거야."

"형, 그럼 나머지 두 판은 내가 만들면 안 될까?"

"아니, 네가 한 판, 내가 한 판 만들면 될 것 같아. 시간도 없고."

시간을 핑계 삼았지만 사실은 J에게 초밥 지을 기회를 주고 싶지 않았다.

신참 교육을 맡게 된 J는 몇 개월 전 내가 J에게 그랬던 것처럼 신참이 듣든 말든 아랑곳하지 않고 조리도구, 기계 사용요령 등을 늘어놓았다. 그리고 내가 세 번째 판 초밥을 절반 이상 짓고 난 다음에야 초밥 만드는 일에 합류했다. J는 내 뒤쪽 칼판 자리에서 판을 벌였다. 나는 곧 300인분을 완성했고 여유 있게 다섯 번째 트레이에 초밥을 만들기 시작했다. 그렇게 초밥 500인분이 거의 완성되어가자 로커에 내려갔던 선배들이 한 명씩 올라왔다. 그런데 내 앞을 지나치던 과장이 고개를 갸우뚱거리며 내 쪽으로 다시 돌아왔다. 그는 내 뒤쪽에 있는 이미 완성된 초밥 쪽으로 갔다.

"이거 누가 만들었지?"

그러면서 네 번째 트레이를 방금 완성시키고 랩을 씌우려는 J의 손을 막았다.

"빈 접시 큰 걸로 하나 가져와라."

나는 직감적으로 뭔가 잘못됐다는 걸 느낄 수 있었지만 딱히 할 말은 없어서 우물쭈물하며 서 있었다. 그 사이 J는 생선회 접시를 하나 들고 왔다. 과장은 J가 들고 있던 접시를 빼앗아 옆에 놓고 완성된

초밥의 랩을 벗겼다. 그리고 색이 변한 참치를 하나씩 골라냈다. 나는 아차 싶었지만 이미 버스는 지나간 뒤였다.

오늘 초밥의 문제는 어제 해동한 참치에서 생겼다. 참치는 바닷물과 비슷한 염도의 미지근한 소금물에서 해동하는데, 원칙적으로는 오늘 아침에 해야 할 작업이지만 하루 먼저 준비하느라 완전하게 녹지 않은 상태에서 생선을 썰었다. 그리고 다른 재료와 마찬가지로 참치를 20조각씩 높게 쌓아 통에 담았는데 뒤늦게 녹으면서 핏물이 나와 통 아래쪽에 있던 참치를 변색시켰던 것이다.

과장은 회색으로 변색된 참치 30여 개를 접시에 모두 골라냈다.

"이거, 너희 둘이 먹어라."

J가 고개를 떨어뜨렸고 과장은 다그쳤다. 그리곤 내 앞으로 성큼 다가와 손에 들고 있던 초밥을 내 입에 밀어넣었다.

"지금, 다 먹으라니까!"

나는 변명할 틈도 없이 입 안으로 들어온 초밥을 우물우물 씹어 먹었다. J의 입에도 초밥이 하나 들어갔다. 우리는 30여 개의 초밥을 모두 먹었다.

"맛있나? 먹을 만해?"

나는 기어들어가는 목소리로 말했다.

"아니요. 맛없습니다."

"그럼, 손님은 그 초밥이 맛있을까?"

"아니요."

"그래. 원래 그런 거야. 네가 먹기 싫은 건 손님도 먹기 싫은 거야. 앞으로 명심해라. 내가 먹기 싫은 것은 손님도 먹기 싫은 것이 당연하다는 것을."

요리에 왕도는 없다

간혹 인터뷰나 수업 중에 질문을 받는다.

"선생님, 요리를 잘 하려면 어떻게 해야 하나요?"

그러나 그 자리에서 바로 적절한 답을 주기는 어렵다. 요리라는 것은 지극히 개인적이고 개별적인 단계를 거쳐 완성되기도 하거니와 원칙에 충실한 절대적인 시간과 절대적인 노력을 통해 몸으로 익혀야 하기 때문이다.

조리사의 길에 처음 입문해 단순 작업을 반복하고 청소, 정리, 설거지로 하루를 보내는 시기에는 누구나 '내가 설거지나 하려고 여기 왔나?' 혹은 '내가 여기서 양파 까고 파 다듬을 사람으로 보이나?' 하는 생각을 하곤 한다. 이런 감정은 누구나 겪게 마련이고 이 과정을 겪으면서 조리사로 성장한다.

예를 들어 설렁탕 전문점에서 대파를 매일 10단씩 다듬어 썰거나, 중국요리 전문점에서 양파를 매일 20킬로그램씩 까고 다듬는 일, 횟집에서 광어를 매일 50마리씩 잡는 일을 일 년간 한다면 아무리 둔한 사람이라도 요령이 생긴다. 무자비한 반복 학습이 낳은 기적이라고 할까? 여기서 한 단계 더 도약하면 매운탕을 매일 50냄비씩 끓이고, 초밥을 매일 50인분씩 만들고, 자장면을 매일 100그릇씩 만들게 된다. 처음엔 목도 못 가누던 아기가 뒤집기를 하고 걸음마를 하고 결국 뛸 수 있게 되는 과정과 비슷하다. 엄청난 양의 반복학습이 이루어낸 결과인 것이다.

이 과정에서 간과하지 말아야 할 것이 있다. 작업 요령뿐 아니라 '재료의 특성을 파악하는 것'이다. 시든 것, 누렇게 변한 것, 싹이 난 것, 마른 것, 살찐 것 등 매일 입고되는 다른 상태의 재료를 접하며 재료의 본질을 알게 되는 과정이다. 그리고 매일 매운탕을 끓이고, 자장을 볶고, 생선을 구우며, 짜고 싱겁고 맵고 달게 간을 하며 조리법의 원리를 익히는 일련의 과정을 통해 칼의 맛, 불의 맛을 조절하며 개인적인 판단과 결정으로 요리를 자신만의 스타일로 완성시켜갈 수 있다.

대부분의 사람들이 빠른 지름길을 찾지만 끈질긴 노력과 절대 시간의 투자는 좋은 조리사의 밑거름이 된다.

"선생님, 요리를 잘 하려면 어떻게 해야 하나요?" 그 자리에서 바로 적절한 답을 주기는 어렵다. 요리라는 것은 지극히 개인적이고 개별적인 단계를 거쳐 완성되기도 하거니와 원칙에 충실한 절대적인 시간과 절대적인 노력을 통해 몸으로 익혀야 하기 때문이다.

PART 4 육류

육류는 재료 선택의 폭이 좁다. 그래서 다양한 맛을 연출하기 어렵다는 단점을 갖고 있다. 하지만 그 단조로움을 창작 소스로 새롭고도 풍부한 맛으로 거듭나게 했다. 또한 고기보다 야채를 선호하는 최근의 웰빙 트렌드에 맞추어 고기와 풍성한 야채와의 조화를 꾀하였다.

MEAT

쇠고기 타다키

타다키는 센 불에 겉만 살짝 굽는 요리를 말한다. 주로 가쓰오(가다랑어)를 쇠꼬챙이에 꽂아 센 불에 직화로 굽고, 얼음물에 담가 열기를 완전히 없앤 다음 행주로 물기를 제거해 썰어 먹는 요리다.(굽는 재료는 2mm 정도 표면만 굽는다.) 나는 이 요리에서 채끝등심을 이용해 타다키를 했는데 새콤한 폰즈소스와 간 생강을 곁들여 깔끔한 맛의 전채요리를 만들었다. 쇠고기에 간 생강, 실파, 무순, 대파채를 싸서 먹으면 전채요리로 좋지만 맛이 부담 없어 안주로도 손색없다.

주재료 ● 채끝등심 10조각(130g)

양념소스류 ● 생강 5g ● 실파 10g ● 유자폰즈(p.323 참조) 45ml

가니시 ● 무순 ● 대파 흰 부분 1개 ● 래디시 ● 영양부추

01 채끝등심은 선도가 좋은 것을 골라 사각형으로 자른다. (가로세로 10cm × 두께 2cm)

02 대파는 흰 부분을 채 썰어 찬물에 헹궈 매운 맛을 제거한 다음 건져서 물기를 제거한다.

03 채끝등심을 쇠꼬챙이에 끼워 센 불에서 겉만 살짝 익힌다. (약 2mm 두께로 익힌다.)

04 구운 등심을 재빨리 얼음물에 담가 열기를 완전하게 식힌 다음 건진다.
그리고 행주로 감싸 물기를 완전히 제거한다.

05 채끝등심 타다키를 2mm 두께로 얇게 포 뜬다. 모두 10조각을 만들고, 접시에 넓게 깔아 준다.

06 강판에 생강을 갈아서 소량씩 나눠 쇠고기 위에 올린다.

07 다진 실파(chop)를 뿌리고 무순을 반으로 잘라 뿌린다.

08 유자폰즈를 접시에 자작하게(쇠고기가 잠길 듯 말 듯) 붓는다.
(가지런하게 놓인 쇠고기가 틀어지지 않도록 조심한다.)

09 대파채를 접시의 중앙에 올리고 래디시와 영양부추로 장식한다.

tip 타다키를 할 때 살살 흔들면서 구우면 한 부분만 많이 익는 현상을 방지하고 골고루 얇게 익힐 수 있다.

갈릭 스테이크

보통 스테이크는 개인이 각각 한 접시로 먹지만, 이 메뉴는 스테이크를 얇게 썰어서 내 여럿이 덜어 먹을 수 있는 개념으로 만들어졌다. 튀긴 마늘을 고기 위에 덮은 것은 스테이크 템포를 미디엄으로 구워도 종종 단면에 피가 보여 여성 고객들이 혐오스럽다고 반응했기 때문이었는데, 오히려 이 마늘로 인해 고기의 맛이 한층 좋아졌고 2002년 개발된 이후 현재까지 롱런하며 사랑받는 대표 메뉴가 되었다.

주재료 ● 안심 200g ● 통마늘 1통 ● 양파 35g ● 튀긴 마늘 30g
양념소스류 ● 에그비네거소스(p.321 참조) 1Tbs ● 소이발사믹소스(p.319 참조) 100ml
가니시 ● 크레송 ● 통마늘 ● 튀긴 마늘

01 고기를 재운다.
   안심은 200g씩 동그란 모양을 유지하면서 자른다.
   올리브오일을 안심에 넉넉하게 바르고 통후추 5알, 얇게 슬라이스한 양파 15g,
   월계수잎 2장을 덮어 하루 이상 재운다.
02 깐 마늘을 0.1~0.2mm 두께로 얇게 썰어 물에 여러 번 헹군다.(적어도 2시간 이상 물을 흘려보낸다.)
   슬라이스한 마늘을 체에 걸러 물기를 빼고 165도의 기름에 튀긴다.
   (마늘을 튀길 때 기포가 올라오는데 기포의 크기가 작아지면 마늘을 건진다.)
03 양파는 1.5cm 두께의 링 모양으로 자르고 팬에 올려 약한 불로 굽는다.
04 마리네이드 된 안심은 석쇠에 올려 숯불에 굽거나 200도의 오븐에 10분간 굽는다.
   (만약 오븐에 구울 경우는 팬 위에서 센 불로 굽고 오븐에 넣는다.
   이는 육즙이 빠지지 않게 하기 위해서다.)
05 구운 안심을 3mm 두께로 어슷하게 자르고 접시에 담는다.
06 양파와 통마늘도 담고 크레송도 접시 위에 올린다.
07 소이발사믹소스를 데워 뿌리고 튀긴 마늘을 덮는다.
   크레송에는 에그비네거소스를 뿌린다.
tip 스테이크용 고기는 오일에 재워 사용하면 좋다.
   물과 기름은 어울리지 못하기 때문에 육즙이 쉽게 빠지지 않고 고기가 잘 숙성돼
   더욱 부드러운 스테이크를 먹을 수 있다.

안심과 거위간 네기스테이크

푸아그라는 '최고의 요리'로 세계 미식가들의 찬사를 받는 요리지만 최근 동물애호가를 비롯한 많은 사람들에게 잔인한 거위의 사육방법 때문에 '절망의 진미'라는 비난을 받는 요리이기도 하다. 한없이 부드러운 육질을 자랑하는 이 푸아그라와 안심을 이용한 요리는 간장과 발사믹비네거를 이용한 소스를 뿌리고 잘게 썬 실파를 듬뿍 올려 깔끔하게 먹을 수 있다.

주재료 • 안심 180g • 푸아그라 60g • 양송이버섯 2송이 • 파프리카 20g • 브로콜리 25g • 양파 25g
• 실파 50g

양념소스류 • 소이발사믹소스(p.319 참조) 100ml • 데리야키소스(p.315 참조) 20ml • 버터 1tsp
• 발사믹리덕션(p.318 참조) 20ml

01 안심은 한쪽 두께가 0.7~1cm가 되도록 자른다.(무게 60g 정도)
02 컷팅한 안심을 올리브오일, 통후추, 양파, 월계수잎을 넣고 하루 이상 마리네이드 한다.
03 파이팬에 밀가루를 뿌리고 0.5cm 두께로 자른 푸아그라를 넣어 밀가루를 골고루 묻힌다.
04 팬을 미리 달구고 기름을 바른 다음 푸아그라를 앞뒤로 살짝 굽는다.
05 브로콜리는 한입에 먹기 좋은 2cm 크기로 자른 다음 끓는 물에 데친다.
   양송이버섯은 껍질을 벗기고 4등분 하고, 양파와 파프리카는 1cm×5cm 크기로 자른다.
   실파는 1mm 크기로 다져서 찬물에 헹구고 물이 빠지도록 소쿠리에 옮겨 놓는다.
06 팬에 기름을 두르고 양파, 양송이, 브로콜리, 파프리카를 볶는다.
   야채가 익기 시작하면 데리야키소스 1.5tsp을 넣고 다시 볶다가 야채가 모두 익으면
   버터를 넣어 팬 위에서 굴린다.
07 스테이크는 소금과 후추를 살짝 뿌리고 200도로 예열된 오븐에 5분 굽는다.
   또는 센불에 달군 팬에 굽는다.
08 접시에 스테이크와 푸아그라를 겹쳐서 놓고 볶은 야채도 한쪽에 놓는다.
09 소이발사믹소스를 팬에 데워 스테이크 위에 뿌린다.
10 볶음야채 위에 발사믹리덕션을 지그재그로 뿌리고 5번의 다진 실파로 스테이크를 살짝 덮는다.
tip 안심 대신 송아지고기의 사태를 사용해도 좋다.

이시야키 스테이크

'이시야키'는 오래 전부터 일본에 전해져 내려오는 요리법으로 돌판에 구워 먹는 요리 방법을 말한다. 강 주변 등에서 야생탐험을 할 때 돌을 둥그렇게 에워싸고 그 안에 장작을 쌓아 불을 지펴 돌 표면을 뜨겁게 한 다음 물고기 등을 올려놓고 구워 먹는데, 바로 이 방법을 응용한 것이다. 돌판에 고기를 구워 먹으면 고기의 기름이 돌 밑으로 흘러내려 기름이 잘 빠지고, 돌판이 고루 예열되었기 때문에 고기가 천천히 부드럽게 익는다.

주재료 • 채끝등심 200g • 양파 45g • 실파(흰 부분) 30g • 새송이버섯 1송이 • 마늘 2쪽
양념소스류 • 유자폰즈(p.323 참조) 30ml • 야끼니꾸타래(p.320 참조) 30ml
가니시 • 레몬 1쪽

01 돌판을 깨끗하게 닦아 불판에 올려 달군다.
02 재료를 손질한다. 채끝등심은 2.5cm×5cm×2~3mm 크기로 재단한다.
   양파는 1cm 두께로 원형으로 자른다. 실파는 흰 부분을 3~4cm 길이로 자르고,
   새송이는 3mm 두께로 길게 자르며, 마늘은 2mm 두께로 편으로 자른다.
03 접시에 2에서 자른 고기와 야채를 가지런하게 담는다.
   후추와 굵은 소금을 전체적으로 약간 뿌린다.
04 접시에 자갈을 깔고(돌판을 고정시키는 역할을 한다.)
   뜨겁게 달궈진 돌판을 자갈 위에 올린다.
   쇠기름이 있다면 쇠기름을 뜨거운 돌판에 문질러 광택이 나도록 만든다.
05 폰즈에 다진 실파와 레몬 1쪽을 띄워 준비하고 야끼니꾸타래를 준비한다.
06 고기와 야채를 뜨거운 돌 위에 구워 소스를 찍어 먹는다.

칠리소이소스의
일본식 삼겹살 (부타 가꾸 니)

이 요리는 중국요리의 동파육을 응용했다. 삶고 튀기고 다시 삶는 과정에서 지방이 많이 제거되고 부드러운 육질과 담백한 맛을 갖게 된다. 돼지고기 조리법에 장수의 비밀이 있다고 하는데 세계 최고의 장수촌으로 알려진 오키나와의 주민들은 1인당 돼지고기 섭취량이 다른 지역 주민들에 비해 10배나 많은 것으로 보고되고 있다. 오키나와에서는 돼지고기를 굽거나 튀기지 않고 푹 삶은 뒤 야채, 다시마를 넣고 다시 삶아 기름기를 제거한다. 이렇게 조리하면 부담 없이 돼지고기를 즐길 수 있다.

주재료 ● 삽겹살 260g ● 믹스샐러드(양상추, 라디치오, 치커리, 겨자잎) 70g
양념소스류 ● 굴소스 1tsp ● 고추기름 2tsp ● 데리야키소스(p.315 참조) 2tsp ● 물전분(물:전분=1:1) 1.5tsp
● 깐 마늘 1개
가니시 ● 실파 소량 ● 대파 1/2개(흰 부분만 사용) ● 비트

01 일본식 수육(차슈)을 준비한다.

　　아래의 재료를 모두 넣고 15~20분을 끓인 후 돼지삼겹살(3.5kg)을 넣고 1/3만 정도만 익도록 삶아준다.

* 대파(100g), 양파(200g), 마늘(60g), 저민 생강(50g), 레몬(1/2개), 물(5ℓ), 통후추(30g)

　　노두유(170ml), 기꼬망간장(500ml)을 믹싱볼에 같이 담는다. 그리고 목살을 믹싱볼에 넣고
　　노두유와 기꼬망간장을 삼겹살의 표면에 고루 바른다.

　　삼겹살을 160도로 예열된 기름에서 튀긴다. 겉 표면이 단단하고 짙은 갈색이 되면 건진다.

　　큰 통에 물 5리터를 붓고 아래 재료를 넣고 20분 동안 끓인 다음,
　　삼겹살을 넣고 약한 불에서 30분간 끓이다가 청주를 넣고 5분간 더 끓여준다.

* 굴소스(100ml), 진간장(500cml), 맛술(500ml), 마늘(75g), 통후추(30g), 레몬(1개), 대파(150g),
　　건고추(2개), 설탕(200g), 물(5ℓ), 생강(80g), 양파(360g), 정종(200ml)

　　돼지고기를 모두 건지고 국물은 식힌다.

　　돼지고기 삼겹살을 0.7cm 두께로 썰어서 보관통에 가지런히 담는다.

　　그리고 돼지고기를 끓였던 국물은 식혀서 기름을 건지고 보관통에 붓는다.

02 대파는 흰 부분을 가늘게 채 썰어 찬물에 헹구고, 믹스샐러드(양상추 35g, 라디치오 10g,
　　치커리 10g, 겨자잎 15g)를 손으로 뜯어 찬물에 헹군다.

03 1번에서 만든 돼지고기 수육을 전자레인지에 따끈하게 데운다.

04 팬에 고추기름을 두르고 약한 불에서 얇게 저민 마늘을 넣고 굴소스와 데리야키소스를 넣는다.
　　끓으면 다시 물을 넣고 물전분을 풀어 걸쭉하게 만든다.

05 믹스샐러드야채를 체에 쏟아 물기를 털어내고 접시에 담는다.

　　3번의 따끈하게 데운 돼지고기를 야채 위에 돌려가며 놓고, 4번의 소스를 돼지고기 위에 뿌린다.

　　2번의 대파채를 동그랗게 만들어 접시의 중앙에 올리고, 비트는 채 썰어 위에 올린다.

　　실파를 잘게 총총 썰어 요리 위에 골고루 뿌린다.

차슈무침 (부타 가꾸 아에)

이 요리는 중식의 냉채에서 아이디어를 얻었다. 찬 상태에서 무침으로 먹는 돼지고기 목살은 튀기고 끓이는 작업을 반복하면서 기름이 많이 빠져 먹기에 부담이 적다. 게다가 상큼한 오이피클과 고추기름으로 버무렸기 때문에 입맛을 돋우는 메뉴다.

주재료 • 차슈(돼지수육) 160g • 태국고추 4개 • 느타리버섯 50g • 팽이버섯 1/2팩 • 양파 35g • 짜사이 50g • 양상추 50g

양념소스류 • 고추기름 2tsp • 오이 1개 • 피클소스(p.11 참조) 300ml

가니시 • 실파 1뿌리 • 무순

01 일본식 수육을 준비한다.
   아래의 재료를 모두 넣고 15~20분을 끓인 후 돼지목살(3.5kg)을 넣고 1/3만 정도만 익도록 삶아준다.
   *대파(100g), 양파(200g), 마늘(60g), 저민 생강(50g), 레몬(1/2개), 물(5ℓ), 통후추(30g)
   노두유(170ml), 기꼬망간장(500ml)을 믹싱볼에 같이 담는다. 그리고 목살을 믹싱볼에 넣고
   노두유와 기꼬망간장을 삼겹살의 표면에 고루 바른다.
   목살을 160도로 예열된 기름에서 튀긴다. 겉 표면이 단단하고 짙은 갈색이 되면 건진다.
   큰 통에 물 5리터를 붓고 아래 재료를 넣고 20분 동안 끓인 다음,
   목살을 넣고 약한 불에서 30분간 끓이다가 청주를 넣고 5분간 더 끓여준다.
   *굴소스(100ml), 진간장(500cml), 맛술(500ml), 마늘(75g), 통후추(30g), 레몬(1개), 대파(150g),
   건고추(2개), 설탕(200g), 물(5ℓ), 생강(80g), 양파(360g), 정종(200ml),
   돼지고기를 모두 건지고 국물은 식힌다.
   돼지고기 목살을 0.7cm 두께로 썰어서 보관통에 가지런히 담는다.
   그리고 돼지고기를 끓였던 국물은 식혀서 보관통에 붓는다.
02 피클을 만든다.
   오이 1개(200g)를 반으로 쪼개서 깍두기 모양으로 썬다. 양파 1/4개(60g)도 깍두기 모양으로 썬다.
   피클소스를 끓여 오이와 양파 위에 붓는다. 피클이 완전히 식으면 냉장고에 보관한다.
03 느타리버섯은 길게 찢어 팽이버섯과 함께 끓는 물에 데치고 물기를 꼭 짠다.
04 짜사이(중국식 절임 요리)는 찬물에 담가 짠맛을 빼고 물기를 꼭 짠다.
05 양파는 채 썰고 대파는 얇게 어슷썰기한다.
06 수육은 0.5cm 두께에 2.5cm×2.5cm 크기로 썬다.
07 믹싱볼에 버섯과 짜사이, 수육, 채 썬 양파, 대파, 2번의 피클을 넣고 고추기름과 참기름으로 버무린다.
08 양상추를 뜯어 접시에 깔고 7을 그 위에 수북하게 담는다.
   대파 흰 부분을 채 썰어 찬물에 헹궈 올리고 실파를 뿌린다.

항정살 간장조림

항정살은 지방이 많은 부위라 조금만 먹어도 쉽게 질리게 된다. 얇게 썬 우엉과 함께 항정살을 간장에 졸이고 대파채를 곁들인 이 요리는 느끼함을 줄인 점이 핵심이다.

주재료 ● 항정살 260g ● 우엉 100g ● 대파 1뿌리 ● 생강 1개
소스양념류 ● 진간장 100ml ● 맛술 400ml
가니시 ● 실파 1뿌리 ● 태국고추 또는 꽈리고추 5개

01 항정살을 깨끗하게 다듬는다.
02 우엉은 칼등으로 긁어 껍질을 벗기고 연필을 깎듯이 가늘게 깎는다.
    그리고 찬물에 담가 갈변을 방지한다.
    대파는 흰 부분을 채 썰고 찬물에 헹궈 매운맛을 뺀다.
    생강은 가늘게 썰어 물에 헹구고, 실파는 1mm 크기로 다진다.
03 냄비에 항정살을 넣고 맛술과 우엉, 태국고추를 넣고 끓인다. 끓으면 불을 줄인다.
04 진간장을 넣고 약불로 더 졸인다.
05 졸인 우엉을 꺼내 접시의 밑에 담고 항정살을 올린 다음 국물을 끼얹는다.
06 고추를 자연스럽게 담고 2번의 대파채와 생강채를 항정살의 위에 올린다.
    실파를 자연스럽게 뿌린다.

항정살 모로미소야키

항정살이란 돼지의 목에서 어깨로 이어지는 '목덜미 살'로 돼지 한 마리에서 400g정도밖에 나오지 않아 극소량만 공급되는 희소가치가 높은 부위이다. 미식가들을 겨냥한 항정살 전문 취급점이 줄줄이 생겨날 정도로 큰 인기를 끌고 있다. 또한 항정살은 담백하고 쫄깃하며 특유의 부드럽고 아삭아삭 씹히는 맛이 일품으로 고기 사이에 촘촘히 박혀 있는 마블링이 천 개나 된다는 이유로 천겹살 또는 천겹차돌로 통하기도 한다. 모로미는 대두와 밀을 쪄서 균을 첨가하고 숙성시켜 간장을 양조할 때 반만 숙성된 것을 말한다. 쉽게 말해 거르지 않은 반 숙성된 간장을 말한다.

주재료 • 항정살 150g(3조각) • 가지 1/2개 • 마늘 6~7쪽
양념소스류 • 모로미미소 30g • 일본백된장 300g • 설탕 150g • 미림 150ml • 로즈마리 소량
가니시 • 적양파 50g • 레몬 껍질 1/4분량 • 실파 1뿌리

01 항정살에서 지방덩어리나 지저분한 것이 있으면 깨끗하게 떼어 낸다.
02 적양파는 얇게 채 썰고 찬물에 매운맛이 없어지도록 헹군다.
03 믹싱볼에 일본백된장, 설탕, 미림을 섞은 다음 항정살을 넣고 버무려 3시간 동안 상온에서 재워 둔다.
04 3시간 후에 항정살을 물에 한 번 씻고 마른 가재수건으로 물기를 닦은 뒤 모로미미소를 위에 바른다.
05 항정살을 파이팬에 담아 오븐(180℃)에서 15분간 굽는다.
06 가지는 길게 반으로 쪼개 깐 마늘과 함께 파이팬에 담고 올리브오일과
   로즈마리, 소금, 후추를 넣어 170℃에서 10분간 굽는다.
07 노릇하게 구운 가지를 접시 바닥에 사각으로 깔고 사이사이에 마늘을 놓는다.
08 항정살은 어슷하고 얇게 썰어 가지 위에 가지런히 올린다.
09 2번의 적양파를 항정살 위에 봉긋하게 올리고 채 썬 레몬 껍질과 다진 실파를 뿌린다.
tip 모로미를 구하기 쉽지 않다면 백된장만 사용해도 좋다.

그릴드 그린 포크

나는 야외 모임에 나가면 늘 고기 굽는 당번을 맡게 된다. 직업 때문이기도 하지만 성격상 다른 사람들의 어설픈 모습에 결국 고기집게를 빼앗게 된다. 그 덕에 매번 같이 앉아 먹지 못하고 나중에 따로 먹게 되지만 말이다. 이 요리 또한 야외 모임차 참숯 가마에 갔다가 착안한 요리다. 삼겹살을 통으로 양념에 재워서 호일로 싼 다음 석쇠가 아닌 숯 안쪽에 묻었더니 기름은 적당히 빠지고, 그렇다고 바짝 구운 구이도 아니고 수육도 아닌 독특한 요리가 탄생하게 되었다.

주재료 ● 삼겹살 350g

양념소스류 ● 그린포크소스(p.314 참조) 100g ● 겨자 소량

가니시 ● 양파 60g ● 대파 1개 ● 무순 소량 ● 실파 5뿌리 ● 래디시 1개

01 삼겹살은 통으로 준비해 5cm 폭으로 길게 자른다.
02 삼겹살에 소금, 후추를 살짝 뿌리고 한 시간 이상 둔다.
03 믹싱볼에 그린포크소스를 넣고 삼겹살을 같이 넣어 골고루 바른 다음 3시간 이상 재워둔다.
04 삼겹살을 쿠킹호일로 단단하게 싸고 이쑤시개로 겉에 구멍을 뚫어 기름이 빠지도록 한다.
05 200도의 오븐에 20분 동안 굽고 쿠킹호일을 벗기고 다시 오븐에 넣어 10분을 더 굽는다.
(호일을 벗겨야 표면에 구운 느낌을 낼 수 있다.)
06 양파를 슬라이스해서 찬물에 헹구고 대파는 원으로 썬다.
07 6번의 양파를 접시의 중앙에서 살짝 옆으로 길게 놓는다.
   구운 삼겹살을 1cm두께로 컷팅해 접시에 담는데 양파를 살짝 기대어 놓는다.
   겨자는 따끈한 물에 개어 접시의 구석에 놓는다.
   그리고 대파는 반대쪽에 놓고 잘게 썬 실파와 무순, 채 썬 래디시를 뿌린다.
tip 야외에서 차콜 또는 숯을 사용할 경우는 마리네이드 한 삼겹살을 쿠킹호일로 단단하게 싸고
   이쑤시개로 겉에 구멍을 뚫어 기름이 빠지도록 한다.
   그리고 불이 잘 붙은 숯이나 차콜 속에 묻어 15분 동안 굽는다.
   (이때, 삼겹살이 숯과 붙어 있으므로 5분 간격으로 뒤집는다.
   만약에 뒤집지 않는다면 숯과 접촉했던 부분이 심하게 탈 수 있다.)

아쿠아 돈가스

과거 고급 분식프랜차이즈의 돈가스 메뉴군을 개발하며 탄생한 웰빙 돈가스이다. 보통 돈가스 전문점에서는 안심, 등심, 생선가스, 치킨가스 등 대여섯 가지 주재료로 나누어 팔아 재료의 손실이 많았다. 내가 생각한 새로운 돈가스 프랜차이즈는 등심돈가스 한 종류에 다양한 소스로 여러 가지를 만들 수 있도록 구성했다. 그 중 샐러드 개념의 아쿠아 돈가스는 최고의 히트작. 튀긴 음식이나 기름이 많은 음식을 부담스러워하는 요즘 트렌드에 딱 맞아떨어졌다.

주재료 ● 돈가스 130g ● 적양파 40g ● 오이 1/2개 ● 양상추 100g
양념소스류 ● 아쿠아소스(p.320 참조) 100ml
가니시 ● 비트 소량 ● 실파 1뿌리 ● 무순 약 20개

01 적양파는 얇게 채 썰어 찬물에 헹궈 매운맛을 뺀다.
  오이는 채칼로 깎아 찬물에 20분 이상 담갔다가 체에 걸러 물기를 제거한다.
  양상추는 0.5cm 두께로 채 썰어 찬물에 헹구고 소쿠리에 옮겨 담아 물기를 뺀다.
  비트는 채를 썰어 빨간 물이 나오지 않을 때까지 찬물에 헹군다.
02 돈가스를 175도의 기름에 바삭하게 튀긴다.
03 돈가스를 한 입 크기로 컷팅한다.
04 프라이팬에 아쿠아돈가스소스를 데운다.
05 채 썬 양상추를 접시에 깔고 컷팅한 돈가스를 그 위에 올린다.
  그리고 4의 소스를 뿌린 다음 그 위에 오이, 적양파를 올린다.
06 실파챱과 무순, 비트를 올린다.

갈릭 돈가스

돈가스에 마늘을 곁들여 느끼함을 줄이고, 새로운 풍미를 더한 요리. 처음 개발했을 당시에는 발사믹돈가스소스만을 사용했지만, 돈가스와 소스가 약간 겉도는 느낌이 있어 그 다리역할을 할 사워갈릭소스를 만들어 쓰게 되었다. 풍부한 소스가 맛을 완성시킨 메뉴.

주재료 ● 돈가스 130g ● 양배추 120g ● 바게트빵 2조각 ● 토마토 or 방울토마토 2조각 ● 영양 부추 20g
양념소스류 ● 발사믹돈가스소스(p.317 참조) 80ml ● 허니진저드레싱(p.325 참조) 30ml
　　　　　 사워갈릭소스(p.318 참조) 30ml ● 갈릭버터(p.313 참조) 40ml
가니시 ● 비트 or 래디시 약간

01 갈릭버터를 상온에 두고 말랑해지면 1cm 두께로 자른 바게트빵에 발라 그것을 팬에 굽는다.
02 양배추를 곱게 채 썰어 물에 씻고 소쿠리에 옮겨 담는다.
03 돈가스를 기름에 튀긴다.
04 접시를 준비하고 2번의 양배추를 놓은 다음 옆에 토마토 또는 레몬을 놓고 구운 마늘빵을 놓는다.
05 발사믹돈가스소스를 가열해서 끓으면 국자로 접시의 바닥에 그림을 그리듯 뿌리고
　 튀긴 돈가스를 컷팅해서 소스 위에 올린다.
06 돈가스 위에 사워갈릭소스를 뿌린다. 양배추 위에는 허니진저드레싱을 사용한다.
tip 튀긴 마늘을 덮어 돈가스와 같이 먹어도 좋다.
　　준비한 마늘빵이 여유가 있다면 냉동고에 넣어 보관한다. 그리고 필요할 때 꺼내서 구워 먹는다.

바비큐소스 립

립에 밑간을 하고 충분히 삶은 이 요리는 자칫하면 질길 수 있는 립을 뼈가 쏙쏙 빠지도록 조리한 게 특징.
만약 실내가 아닌 야외에서 바비큐파티를 한다면 가장 인기 좋은 메뉴 중 하나가 될 것이다.

주재료 ● 립 500g

양념소스류 ● 월계수잎 3~4장 ● 소금 2tsp ● 생강 40g ● 마늘 25g ● 양파 100g
● 바비큐소스(p.317 참조) 100ml ● 아마스(p.319 참조) 30ml

가니시 ● 양파 50g ● 미니단호박 30g

01 립은 뼈 위의 질긴 부분에 칼집을 넣고 후추와 소금을 뿌려 2시간 이상 재운다.
02 물 1.5리터에 월계수잎 3~4장, 소금 2tsp, 생강 40g, 마늘 25g, 양파 100g을 넣고
    20분 이상 끓여 야채의 맛이 우러나게 한 다음 립을 넣고 25분 동안 끓인다.
03 립을 건져 오븐에 넣고 바비큐소스를 바르며 앞뒤로 굽는다.
04 단호박은 윗부분을 자르고 안쪽에 씨를 파낸다. 적양파는 얇게 썰어 찬물에 헹궈 매운맛을 뺀다.
05 4번의 단호박을 찜통에 찐다.
06 4번의 양파는 아마스에 버무려 4번의 단호박에 집어넣는다.
07 립을 접시의 중앙에 놓고 그 옆에 단호박을 놓는다.

tip 01 바비큐소스 대신 갈릭돈가스소스나 오코노미야키소스를 사용해도 좋다.
    02 만약 오븐이 없다면 팬에 소스를 붓고 삶은 립을 팬에서 소스와 함께 졸이고,
       야외에서 바비큐파티를 한다면 삶은 립을 그릴 위에 올리고 소스를 바르며 구워도
       충분히 맛있는 요리를 만들 수 있다.

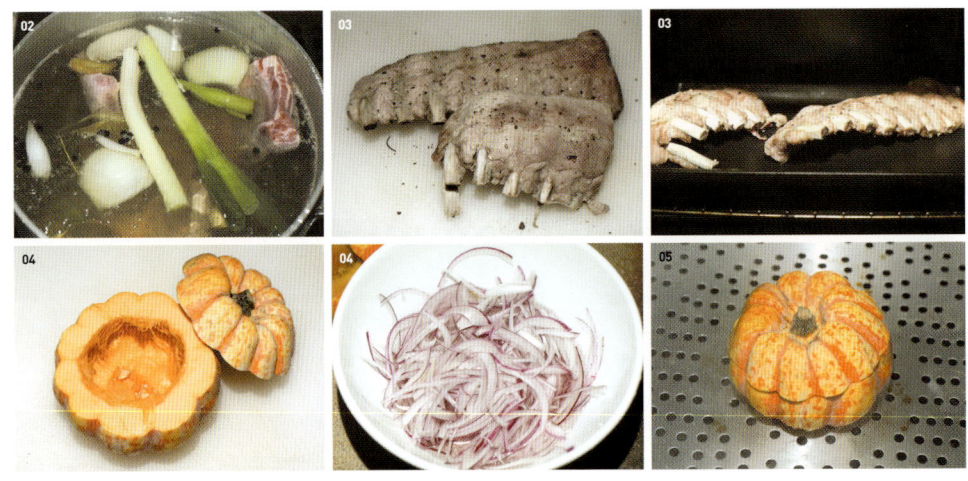

레드와인에 마리네이드한 치킨

레드와인에 마리네이드 한 닭요리는 닭을 담백하게 먹을 수 있는 방법. 이탈리아에서 '디아블로'라고 불리는 요리이다. 나는 데리야키소스, 고춧가루, 태국고추와 각종 허브를 사용해 칼칼한 맛을 더 추가했다.

주재료 ● 닭(중닭) 1마리 ● 감자 1개

양념소스류 ● 양파 120g ● 셀러리 1대 ● 데리야키소스(p.315 참조) 100ml ● 태국고추 25g ● 고춧가루 1Tbs ● 레드와인 200ml ● 올리브오일 15ml ● 오레가노 ● 파슬리 ● 타임 ● 로즈마리

01 닭은 4등분 하고 안쪽의 기름덩어리나 지저분한 것을 떼어 낸다.
  그리고 소금과 후추를 뿌려 간이 배이도록 한다.
02 마리네이드 한다.
  사각 용기를 준비하고 레드와인, 데리야키소스, 올리브오일을 섞는다.
  양파는 채 썰어 위 용기에 담는다.
  태국고추는 거칠게 부숴 넣는다.
  셀러리는 겉에 섬유질을 제거하고 납작하게 썰어 넣는다.
  허브(오레가노, 파슬리, 타임, 로즈마리)는 손으로 뜯어 넣는다.
  재료가 잘 섞이도록 손으로 버무린 다음 1번의 닭을 사각 용기에 넣고
  양념이 잘 배이도록 손으로 버무려 12시간 이상 재워 둔다.
03 팬에 기름을 두르고 닭을 노릇하게 앞뒤로 구운 다음
  200도로 예열된 오븐에 25분 동안 굽는다.
04 통감자는 웨지(wedge)로 썰어 소금과 후추를 뿌리고 닭과 함께 오븐에 노릇하게 굽는다.
05 접시에 닭고기를 놓고 감자도 옆에 곁들여 놓는다.

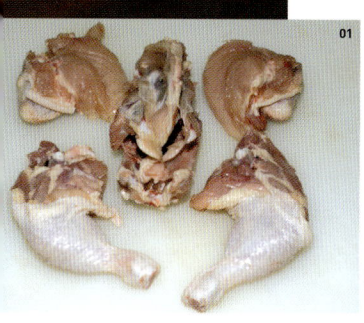

치킨 데리야키

'데리'는 데리야키에 사용하는 양념장으로 미림, 간장을 바짝 조린 것이다. 이 양념장은 기호나 용도에 따라 미림과 간장의 배합이 다른데 단맛을 강하게 할 경우에는 얼음사탕 또는 설탕을 첨가한다. 그리고 데리야키는 재료를 양념하지 않고 그대로 구웠다가 양념장을 두 번 또는 세 번 발라 다시 굽는다.

주재료 • 닭다리살 240g • 꽈리고추 2개
양념소스류 • 데리야키소스(p.315 참조) 150ml • 에그비네거소스(p.321 참조) 30ml • 산초가루 소량
  • 생강가루 1tsp • 올리브오일 2Tbs • 맛술 150ml
가니시 • 크레송 40g • 생강 1쪽

01 닭다리살 재우기.
  뼈 없는 닭다리살을 준비해 껍질을 제거하고 기름 덩어리들은 모두 떼어낸다.
  믹싱볼에 닭다리살을 넣고 소금과 후추, 생강가루, 올리브오일을 넣고 잘 버무린다.
  그리고 3~4시간 동안 냉장보관한다.
02 오븐을 200도로 예열하고 1번의 닭다리살을 20~25분 동안 굽는다.
03 크레송은 굵은 줄기와 잎을 떼어내고 찬물에 씻는다.
  생강은 가늘게 채 썰어 찬물에 헹궈 매운맛을 없앤다.
04 프라이팬에 기름을 두르고 데리야키소스와 맛술을 부은 다음
  2번의 구운 닭다리살을 넣고 중불에 졸인다.
05 닭다리살이 어느 정도 졸여지면 꽈리고추를 넣고 불을 끈다.
06 닭다리살을 도마 위에 올리고 먹기 좋은 크기로 자른다.
07 자른 닭다리살을 접시에 담고 크레송, 생강채, 꽈리고추도 담는다.
08 산초가루를 뿌리고 크레송에는 크레송소스를 뿌린다.

만다린 치킨

만다린(Mandarine)은 귤을 말한다. 퍽퍽한 닭고기와 상큼한 과일의 맛은 궁합이 잘 맞는데, 그 중 만다린이나 파인애플은 고기를 부드럽게 만드는 작용을 하기 때문에 키위와 함께 연육제로 많이 사용된다. 나는 만다린과 커리 페이스트, 요거트로 만든 소스에 마리네이드한 닭다리살을 파인애플과 함께 볶았다. 만다린 치킨은 내 요리가 너무 무겁다고 느끼는 손님이나 아이들을 동반한 모임에서 빛을 내는 요리다.

주재료 • 닭(다리살) 150g • 파인애플(ring cutting) 100g • 양상추 45g • 라디치오 10g
  • 겨자잎 15g • 치커리 15g • 비타민 15g
양념소스류 • 허니진저드레싱(p.325 참조) 2Tbs • 만다린커리소스(p.316 참조) 80ml
가니시 • 땅콩가루 • 실파 • 적양파 25g

01 뼈를 제거한 다리살은 끝에 붙은 기름 덩어리를 깨끗하게 손질하고
  두께 5mm×3cm×1cm 크기로 재단한다.
02 믹싱볼에 만다린커리소스와 조각낸 닭을 넣고 버무려 최소 3시간 이상 재운다.
03 샐러드야채는 손으로 뜯어 찬물에 헹궈 체에 보관한다.
04 뜨겁게 달군 팬에 올리브오일을 넉넉하게 두르고 재워둔 닭을 팬에 넣고 볶는다.
  색이 노릇하게 나면 뚜껑을 덮고 불을 약하게 줄인다.
05 3분 정도 지나면 뚜껑을 열고 파인애플을 닭과 비슷한 크기로 잘라 넣고
  불을 세게 해서 볶는다.
06 파인애플을 2cm 두께로 가로로 썰어 오븐에 굽는다.
07 접시에 믹스샐러드를 깔고 오븐에 구운 파인애플을 놓는다.
  그리고 마리네이드해서 볶은 닭고기를 파인애플 위에 소복하게 올린다.
08 허니진저드레싱을 지그재그로 뿌리고 얇게 썬 적양파를 올린 다음 땅콩가루를 뿌린다.

오른손이 한 일을
왼손이 모르게 하라

일본식 도시락 200개 예약주문이 들어왔다. 주방 출입구 옆 게시판에는 주방장이 16절지에 그린 도시락통 그림과 각각의 칸에 들어갈 요리 메뉴명이 붙어 있었다. 도시락은 총 네 개의 구역으로 구분되었다. 생선회와 구이는 왼쪽 위와 아래의 작은 칸, 밥은 오른쪽 하단, 가장 큰 오른쪽 상단은 전, 튀김을 비롯해 여러 종류의 조림류가 차지한다. 오른쪽 상단에 들어가는 십여 종의 요리 중 몇몇은 이틀 전에 미리 만들어 준비한다.

오늘의 조식근무는 나와 Y가 같이 했다. 우리는 쌀을 씻어서 밥솥에 안치고 구이용 생선을 준비했다. 니가다(끓이는 일을 맡은 파트) 냉장고에서 어제 저녁에 잘라놓은 니모노 재료를 꺼내던 중 구석에 가지런하게 정리된 재료 보관통을 발견했다. 내일 단체 예약된 도시락에 사용될 요리로 어제 저녁에 주방장이 만든 것이다.

"야, 이건 어떻게 만드는 건지 아냐?"

"바쁜 시간에 주방장님이 혼자 만드셨으니 알 수가 없지."

"음……. 맛있다!"

"이거 먹어봐."

우리는 감탄하며 요리를 몇 개씩 먹은 다음, 재료통 속의 요리를 가지런하게 정리하고 뚜껑을 덮어 처음 있던 냉장고 구석에 잘 넣었다.

비단 오늘만이 아니었다. 조식근무는 한 명 또는 두 명이 담당했기 때문에 새로운 음식을 맛볼 수 있는 절호의 기회다. 나는 다찌(스시 카운터), 모리다이, 니가다에서 미리 점찍어둔 요리를 냉장고에서 찾아 새로운 맛을 익혔다. 주방의 규율은 군대만큼 엄격해서 선배가 만든 요리를 허락 없이 먹는 일은 나처럼 간이 부은 사람이 아니라면 상상조차 할 수 없는 '예의 없는 행동'이었다.

점심 영업이 끝날 무렵 L선배가 나에게 오늘 조식근무를 누가 했냐며 조용히 물었다.

"네, 저하고 Y씨가 했습니다."

"주방장님이 준비하신 요리를 왜 먹었냐? 모를 줄 알았지?"

L선배는 혹시나 해서 열어본 통 속에 **빽빽하게** 줄을 맞춰놓았던 요리들이 엉성하게 들어 있는 것을 확인하고 나에게 와서 물었다는 것이다. L선배의 말에 의하면, 주방장은 예전부터 주문이 100개 들어오면 딱 101개를 만들어 한 개만 본인이 맛을 봤다고 한다.

이미 엎질러진 물이니 해결책은 단 두 가지, 내일 아침까지 다시 만들든지 아니면 주방장에게 싹싹 빌어야 했다. 난감한 상황이지만, 누구보다 손발이 잘 맞았던 나와 Y는 고민을 접고 내일 새벽에 일찍 출근해서 부족한 요리를 만들기로 약속했다. 다행스럽게 내일 조식근무자 둘은 우리와 친했다. 우리 넷은 치밀한 작전을 세우고 각자의 임무를 확인했다.

우선 요리 레시피가 필요했다. 이번 도시락은 주방장이 혼자 만들었기 때문에 네 명 중 조리법을 아는 사람이 아무도 없었다. 우리는 주방장의 조리복 상의에 들어 있는 수첩의 레시피가 필요했다.

세시 크로스타임, 주방장은 평소와 같이 조리복을 주방 출입구 옷걸이에 걸어 두고 로커로 내려갔다. 주방장을 뒤따라간 Y에게서 인터폰으로 연락이 왔다.

"시작해! 지금 바둑 두고 계셔!"

나는 주방장의 조리복 가슴 주머니에 있는 수첩을 빼내서 펼쳤다. 맙소사! 그 수첩에는 깨알 같은 글씨가 빼곡하게 적혀 있었는데, 모두 일본어로 기록되어 있었다. 얼마 지나서 복사는 했냐고 묻는 Y에게 그냥 올라오라고 전할 수밖에 없었다. 우리의 계획은 다시 원점으로 돌아갔다. 별 수 없이 L선배에게 온갖 아첨을 해가며 조리법을 배웠다. 그리고 내일의 '파이팅'을 기약하며 퇴근했다.

우리 넷은 평소보다 훨씬 이른 새벽 네시에 주방에 모였다. 나는 밤(생율)과 전복요리를 맡고 다른 둘은 장어 요리를 맡았다. 우선 밤을 씻어 넙적한 면에 칼집을 넣어 그릴에 껍질이 벌어질 정도로 구웠다. 그리고 냄비에 밤을 넣고 세 차례 이상 물을 갈아주면서 삶았는데, 이때 두꺼운 밤 껍질 안쪽의 떫은맛을 내는 속껍질은 이쑤시개를 이용해 잘 긁어냈다. 이미 충분히 물에 불려 있어서 어렵지는 않았

다. 냄비에 설탕과 술을 넣고 미리 조려놓은 소스에 속껍질을 벗긴 밤을 넣어 다시 끓이고 마지막으로 소금을 첨가한 뒤 불을 끄고 찬물에 중탕으로 식혔다.

촘촘하게 칼집을 넣은 장어는 넓게 펴서, 볶은 긴 우엉에 단단하게 말아서 끝을 이쑤시개로 고정시키고 전분을 발라 튀긴다. 잘 익은 '장어로 만 우엉'을 데리야키소스에 조린 다음 재단했다. 전복조림까지 완성. 우리는 부족한 요리를 세 시간 동안 모두 만드는 데 성공했다.

곧 주방장과 스태프들이 출근했다. 각자 준비된 도시락 재료를 하나씩 들고 큰 작업대가 있는 연회장 주방으로 향했다. 도시락 200개가 깔린 작업대에서 요리가 담긴 통을 하나씩 옆구리에 끼고 작업대 주위를 빙글빙글 돌면서 요리를 모두 담았다.

작업이 모두 끝나자 주방장은 우리 네 사람을 불러 놓고 이야기했다.

"조리사는 항상 정확해야 해! 정확하게 준비하고 남은 요리가 없어야지. 고객에게 제공되지 못한 요리는 요리로서 가치를 잃은 것! 적어도 조리사라면 자신의 요리를 아끼고 존중하고 정성을 들여야 하는 법이야. 알겠나!"

"넵!"

어떻게 알았는지 모르겠지만 그 뒤로 주방장은 단체주문이 들어올 때마다 추가로 한두 개씩 더 만들어, 우리에게 맛볼 기회를 주었다. L선배는 주방장이 연세가 들어 많이 느슨해졌다며 날카로움을 잃고 동네 할아버지 같은 모습으로 변해가는 것을 안타까워했다.

프로 vs 아마추어

전문 요리사는 요리를 잘 한다고 생각을 하는 사람들이 꽤 많다. 물론 셰프라면 어느 정도 먹는 사람들을 만족시킬 만한 기술과 철학이 있어야 한다. 그러나 다른 분야에도 급수가 있듯이 셰프라고 누구나 메뉴나 소스를 개발할 수 있고 요리를 잘 한다고 말하기는 힘들다. 요리 분야에서도 돈을 잘 버는 프로가 있는가 하면 밥을 굶는 프로도 있다. 돈을 잘 번다고 훌륭한 주방장이고 돈을 잘 벌지 못한다고 기술이 떨어진다는 것은 아니다. 프로는 조리기술적인 부분 외에 자신을 잘 포장해서 파는 기술도 상당히 필요하다. 그런데 자신을 파는 데만 급급하다 보면, 결국 기술적으로나 철학적으로 자기 성찰을 가지지 못해 도태되게 마련이다.

때로는 아마추어가 프로보다 좋은 요리를 만들 수 있다. 아마추어는 프로와 달리 음식을 먹는 대상이 가족이나 친구인 경우가 대부분이기 때문에 대가를 바라지 않는다. 그들은 내 자식, 남편, 아내가 맛있게 먹는 상상만으로, 자신이 만든 요리를 매개체로 가족이나 친구, 동료들이 한 자리에 모이는 상상만으로 즐거워한다. 시간을 정해놓고 언제까지 만들 필요가 있는 것도 아니고 신메뉴 발표회를 가질 필요도 없다. 그러나 프로는 언제나 고객들의 요구에 시달리며, 오늘 만든 요리를 내일 또 만들어야 한다. 그 대가로 돈을 받으니 하루하루 먹고살기도 바쁘다. 새로운 시각이나 공부할 시간도 부족하고 벤치마킹처럼 돈 드는 일을 하기도 힘들다. 10년, 20년 경력의 전문 조리사들이 도태되는 이유도 바로 여기에 있다.

오래전부터 알고 지내는, 강남에서 잘 나가는 선배 조리사가 있다. 어느새 40대가 된 그가 내게 하소연을 했다.

"요즘엔 새로운 요리가 너무 많아. 외국 유학을 다녀오고 새로운 것을 배워온 20대, 30대 초반의 젊은 셰프들 감각을 따라잡을 수가 없어. 새로운 요리를 찾는 고객은 점점 늘고 젊은 친구들 감각을 따라갈 수도 없고, 공부하자니 먹고살기 바쁘고 시간도 없어."

전문 조리사와 아마추어의 차이점은 단 한 가지다. 전문 조리사는 돈을 위해 요리를 하는 반면, 아마추어는 자신의 즐거움, 먹는 사람의 즐거움을 위해 요리한다. 만약 당신이 프로라면 아마추어처럼 요리해라. 그리고 만약 당신이 아마추어라면 프로보다 훨씬 좋은 요리를 만들 수 있는 위치에 있음을 감사하라.

PART 5 기 타

해산물, 육류, 곡물 등의 흔히 쓰는 재료를 제외한 주재료로 만든 요리. 웰빙식으로 각광받는 두부를 비롯, 향긋한 풍미의 자연송이, 서양 최고의 식재료 푸아그라를 주재료로 하여 선보인다. 이 밖에 일본식 오코노미야키와 덴푸라, 계란찜 등으로 깔끔한 사이드 메뉴를 완성하였다.

OTHERS

치즈 도후

내가 좋아하는 음식 중 하나가 두부다. 특히 시골에 계신 어머니가 직접 만들어준 두부를 좋아해, 웰빙 열풍이 불었을 2000년 중반 시골의 어머니에게 직접 두부 만드는 법을 배워 이 '치즈 도후'를 개발했다. 그러나 두부를 직접 만드는 게 생산량에 비교해 상당히 비효율적인 일이라, 고심 끝에 유기농 국산콩으로 만든 연두부로 대신했고, 녹인 크림치즈를 잘 섞어 젤라틴으로 굳힌 지금의 요리를 완성하게 되었다.

주재료 ● 연두부 250g ● 필라델피아크림치즈 130g ● 사워크림 50g ● 생크림 100ml ● 꿀 25g ● 가루젤라틴 1봉
양념소스류 ● 발사믹리덕션(p.318 참조) 20ml ● 발사믹드레싱(p.317 참조) 20ml ● 다진 마늘 1/2tsp
토핑 ● 칵테일새우 3마리 ● 토마토 소량 ● 바질 1장 ● 페타치즈 5알
가니시 ● 라임(웨지) 소량 ● 비트 소량

01 연두부는 끓는 물에 삶는다. 이때 최대한 모양이 부서지지 않게 한다.
   (삶을 때 체에 담아 그대로 끓는 물에 넣어 삶는 방법이 좋다.)
02 필라델피아크림치즈는 전자레인지에 죽처럼 될 때까지 녹여 믹싱볼에 담고
   삶은 연두부는 체에 내려 곱게 만든다.
03 믹싱볼에 치즈와 연두부를 잘 섞고 꿀, 생크림, 사워크림을 같이 섞는다.
04 냄비에 찬물 80ml를 붓고 가루젤라틴 1봉(12g)을 넣은 다음 고루 섞어 덩어리가 없도록 한다.
   그리고 약한 불에 올려 젤라틴을 녹인다.
05 믹싱볼에 녹인 젤라틴을 붓고 다른 재료와 골고루 섞은 다음 틀에 붓는다.
   또는 칵테일 잔에 2/3 정도 붓는다.
06 치즈두부는 수평을 유지해 서늘한 곳에서 굳힌다. 이때 표면이 마를 수 있으므로 비닐을 덮는다.
07 토마토와 페타치즈를 1cm 크기의 정육면체로 썬다.
   뜨거운 물에 데친 칵테일 새우도 페타치즈와 토마토 크기로 자른다.
08 페타치즈와 토마토, 칵테일새우를 작은 믹싱볼에 넣고 발사믹드레싱과 다진 마늘을 넣어 버무린다.
   프레시한 바질을 가늘게 채 썰어 같이 섞는다.
09 8을 스푼으로 퍼서 굳힌 두부의 중앙에 토핑한다.
   발사믹리덕션을 뿌리고 애플민트나 튀긴 비트로 장식한다.
tip 토핑은 반드시 발사믹드레싱에 버무린 토마토와 새우가 아니어도 좋다.
   예를 들면 과일이나 파마산치즈를 얇게 썰어 올려도 좋다.

아게도후와 조갯살

이 요리의 아이디어는 동네 횟집에서 나온 스키다시에서 따왔다. 네모반듯한 연두부 위에 조개젓을 올린 요리였는데, 맛있었지만 대부분의 두부 요리가 그렇듯 재료 간에 이질감이 있었다. 이를 줄이기 위해 데리야키소스에 볶은 조갯살을 튀긴 두부 위에 올려 데리야키소스가 두부의 껍질에 스며들게 했다. 이 메뉴는 2001년부터 5년 이상 나의 베스트셀러 메뉴가 됐다.

주재료 ● 두부 1/3모(8조각) ● 조갯살 80g ● 믹스샐러드 80g
(믹스샐러드는 양상추를 1/2, 치커리와 겨자잎 1/6, 비타민과 라디치오를 1/10의 비율로 넣는다.)
양념소스류 ● 고추기름 1.5Tbs ● 다진 마늘 0.5 Tbs ● 대파 40g ● 굴소스 10ml
데리야키소스(p.315 참조) 5ml ● 청양고추 1개
가니시 ● 대파 1/2개(흰 부분) ● 비트 소량 ● 영양부추 1개 ● 실파 1뿌리

01 대파의 흰 부분을 채 썬 다음 찬물에 헹궈 매운맛을 제거한다.
02 믹스샐러드(양상추, 라디치오, 비타민, 겨자잎, 치커리 등)를 손으로 뜯어 깨끗하게 씻은 다음
　　물기를 털어 준비한다.
03 두부 한 모를 8쪽으로 만들고 파이팬에서 감자전분을 골고루 묻혀 적어도 30초 이상 둔다.
　　이때, 마른 전분이 두부의 수분을 흡수하면서 젖게 된다.
04 175도의 예열된 기름에 두부를 튀긴다. 처음에 두부는 가라앉는데 시간이 지나면서
　　기름 위로 떠오른다. 그리고 겉 표면이 단단해지면 건진다.
05 팬에 고추기름을 두르고 약불로 다진 마늘을 볶은 다음 조갯살을 넣고 볶는다.
06 조갯살이 익으면 어슷하게 썬 대파와 청양고추, 굴소스와 데리야키소스를 넣고 더 볶는다.
07 접시에 믹스샐러드를 깔고 튀긴 두부를 올린다.
　　그리고 볶은 조갯살을 두부 위에 뿌리고 1번의 채 썬 대파와 다진 실파,
　　비트채를 올려 마무리 한다.
tip 재단한 두부에 감자전분을 골고루 두껍게 바르면 두부 자체에서 수분이 빠져 나오면서
　　전분이 코팅된다. 이때 두부를 튀기면 두부는 부드럽고 전분은 투명하고 쫄깃한 껍질이 된다.

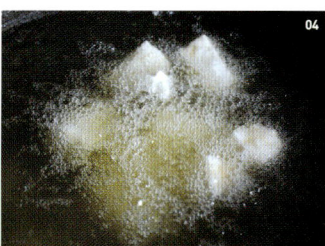

자연송이 구이

한국과 일본인들이 송이버섯의 맛과 향을 대단히 좋아하는데 반해 서양인들은 그다지 선호하지 않는다. 중국과 캐나다, 동아시아에서 자생하는데 한국과 일본을 제외한 다른 나라의 송이는 냄새가 없는 것이 단점이다. 송이버섯은 향을 음미하는 재료이기에 강한 양념의 요리는 하지 않고 찜, 튀김, 구이 등의 요리에 사용된다. 송이버섯을 소재로 한 요리는 많이 있지만 송이의 맛과 향을 음미하기에는 소금구이가 제격이다.

주재료 ● 자연송이 200g
양념소스류 ● 블루치즈드레싱(p.318 참조) 2Tbs
가니시 ● 솔잎

01 송이의 뿌리 부분을 연필 깎듯이 깎은 다음, 물에 적신 행주로 송이의 모래를 깨끗하게 씻는다.
　 이후 3mm 두께로 자른다.
02 송이를 석쇠에 가지런하게 놓고 소금을 살짝 뿌린다.
03 오븐을 220도까지 예열하고 송이를 굽는다.
　 송이는 오래 굽지 않고 숨만 죽으면 바로 꺼내서 뒤집고 다시 살짝 굽는다.
　 이때 솔잎도 같이 굽는다.
04 뜨거운 물에 삶은 접시에 가지런히 송이를 놓고 중앙에 블루치즈드레싱을 놓는다.
　 송이 위에는 솔잎을 몇 가닥 놓는다.
tip 구이가 완성되면 쿠킹호일로 접시를 덮어 식탁 위에서 호일을 벗기는 방법도 좋다.
　 호일 안에 있던 송이의 향이 한꺼번에 나와 후각을 더 풍요롭게 하기 때문이다.

자연송이 볶음

볶음으로 사용할 때에는 질 좋은 송이보다 수확하고 며칠 지나 표면이 끈적거리거나 머리가 활짝 핀 송이를 주로 사용하는데, 이 볶음요리는 여러 가지 야채와 마지막에 첨가하는 버터와 청주가 송이의 맛을 더욱 진하게 한다.

주재료 ● 자연송이 2송이(90g) ● 아스파라거스 3개 ● 파프리카 45g ● 브로콜리 25g ● 양파 30g ● 숙주 40g
양념소스류 ● 버터 2tsp ● 청주 1Tbs
가니시 ● 실파 1뿌리

01 송이의 뿌리 부분을 연필 깎듯이 깎은 다음, 물에 적신 행주로 송이의 모래를 깨끗하게 씻는다.
　　이후 3mm 두께로 자른다.
02 야채를 다듬는다. 아스파라거스는 껍질을 벗기고 4~5cm 길이로 자른 다음
　　끓는 물에 소금을 조금 넣고 살짝 데친다.
　　브로콜리는 2cm 크기로 자르고 끓는 물에 소금을 넣고 데친다.
　　양파와 파프리카는 1cm×5cm 크기로 자른다.
03 팬에 기름을 두르고 달군 후에 송이를 제외한
　　아스파라거스, 파프리카, 브로콜리, 양파, 숙주나물을 넣고 볶는다.
04 송이를 넣고 소금, 후추로 간을 한다. 청주를 조금 넣고, 버터를 넣고 몇 번 굴린 다음 접시에 담는다.
05 실파를 1mm 두께로 다져 뿌린다.

일본식 계란 찜(자완무시)

일식당에서 식전에 제공되는 자완무시는 속을 보호하고 입맛을 돋우는 역할을 한다. 나는 가쓰오다시물을 계란의 2.5배 양을 넣어 푸딩처럼 '찰랑찰랑'하게 만들었으며, 가쓰오다시물은 계란의 비린 맛을 약하게 한다.

주재료 ● 계란 3개 ● 닭가슴살 15g ● 대구살 15g ● 새우살 10g ● 어묵 10g ● 은행 2~3알 ● 죽순 10g
양념소스류 ● 다시마 1장 ● 가쓰오부시 1/2컵
가니시 ● 쑥갓

01 냄비에 물 1리터를 넣고 다시마(15cm×15cm크기) 1장을 넣은 다음 약불로 끓인다.
    물이 끓으면 다시마를 건지고 불을 끈다. 가쓰오부시 1/2컵을 넣고 20분 뒤에 체에 거른다.
02 닭가슴살과 대구살, 새우살을 1.5cm 크기의 정육면체로 재단한다.
    은행은 삶아서 껍질을 벗긴다.
    어묵은 죽순과 함께 1.5cm 크기로 납작하게 자른다.
03 냄비에 가쓰오다시물과 2번의 재단한 재료를 넣고 국간장, 진간장으로 간을 한 다음
    맛술을 조금 넣고 끓인다.
04 믹싱볼에 계란 100ml, 가쓰오다시물 250ml를 넣고 청주 2tsp, 맛술 2tsp을 넣은 다음
    거품기로 잘 섞어서 고운 체에 거른다.
05 3번에서 끓인 재료를 건져서 찜기(자완)에 넣고 4번의 계란물을 붓는다.
    그리고 숟가락으로 그릇의 가장자리에 있는 거품을 건져낸다.
06 찜통에 물을 2/3 정도 붓고 끓인다. 물이 끓을 때 계란물이 담긴 자완을 찜통에 넣고 뚜껑을 덮는다.
07 약불 또는 중불에 보통 12분 동안 찐다.
    12분 뒤에 뚜껑을 열고 쑥갓순을 넣은 다음 다시 뚜껑을 덮고 1분 정도 더 찐다.

오코노미야키

일본의 대표적인 빈대떡 오코노미야키. 자신이 좋아하는 재료를 선택해 구워 먹는다는 뜻으로 다양한 레시피의 메뉴가 가능하다는 점이 매력적인 요리이다. 히로시마에서 가장 먼저 시작됐고 오사카 지역의 방식이 가장 대중적인데, 밀가루 반죽에 끈적이는 산마를 넣어 재료를 한데 섞는 게 특징이다.

주재료 ● 돼지목살 90g ● 새우살 30g ● 오징어살 30g ● 조갯살 20g ● 양배추 80g ● 양파 40g ● 대파 30g

양념소스류 ● 부침가루 3Tbs ● 산마 100g ● 계란 1개 ● 오코노미야키소스(p.322 참조) 100ml ● 닭육수 2Tbs
　　　　　　● 요거네즈(p.322 참조) 40ml

가니시 ● 파래가루 1Tbs ● 가쓰오부시 1/3컵

01　산마를 강판에 갈아서 젓가락으로 젓는다.
02　삼겹살과 해산물은 2×0.5cm 크기로 잘게 자른다.
03　양배추, 양파, 대파는 가늘게 채 썰어 찬물에 헹구고 소쿠리에 옮겨 담는다.
04　팬에 기름을 두르고 2를 볶는다. 볶는 중에 소금과 후추, 청주를 조금씩 첨가한다.
05　믹싱볼에 1의 산마와 3의 야채, 4의 볶은 재료, 그리고 부침가루를 넣고
　　 계란과 닭육수를 넣어 반죽한다.
06　팬에 기름을 두르고 반죽한 오코노미야키를 굽는다.
　　 (두께 1.5~2cm정도 되도록 두툼하게 모양을 만든다.)
　　 70% 정도 구워지면 뒤집고 소스를 바른다.
07　다시 뒤집어 소스를 바르고 접시에 옮긴다.
08　요거네즈를 지그재그로 뿌리고 가쓰오부시와 파래가루를 뿌린다.

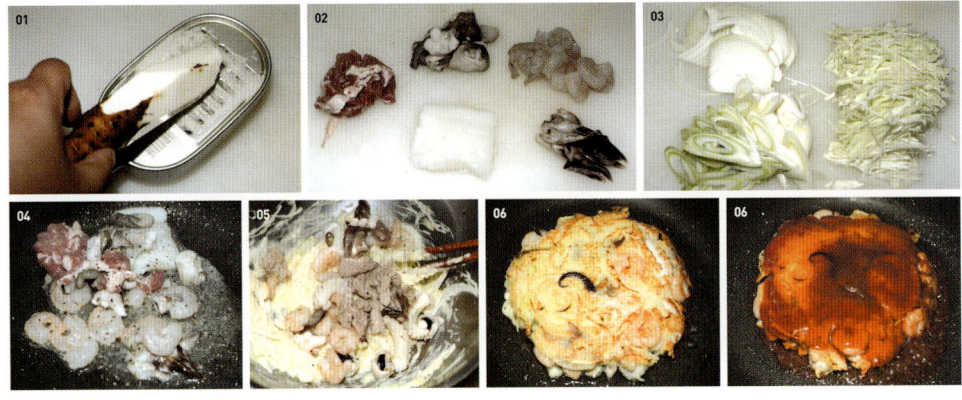

푸아그라 샌드위치

그 옛날 샌드위치 백작도 너무 비싸고 쉽게 부서지는 푸아그라를 빵에 끼워 먹기는 힘들지 않았을까? 살짝 구워 부드러운 푸아그라와 센불에 빨리 볶은 야채, 신선하고 아삭아삭한 야채, 상큼한 소스가 빵과 함께 조화를 이룬 메뉴.

주재료 • 푸아그라 20g • 식빵 1쪽 • 양상추 1잎 • 방울토마토 2~3개 • 파프리카 20g • 아스파라거스 2개 • 브로콜리 30g • 양파 20g

소스양념류 • 발사믹리덕션(p.318 참조) 20ml • 갈릭페스토(p.313 참조) 1Tbs

01 야채를 손질한다. 아스파라거스는 껍질을 벗기고 3cm 길이로 자르고, 브로콜리는 2cm 크기로 자른 다음 모두 끓는 물에 소금을 조금 넣고 살짝 데친다. 파프리카와 양파는 3cm×1cm 길이로 자르고, 방울토마토는 살짝 데쳐서 껍질을 벗긴 다음 모두 소금, 후추로 밑간하여 팬에 볶는다.

02 양상추는 손으로 뜯어 찬물에 씻는다.

03 식빵은 토스트기에 넣어 노랗게 굽고 대각선으로 자른다.

04 파이팬에 밀가루를 뿌리고 0.5cm 두께로 자른 푸아그라를 넣은 다음 밀가루를 고루 발라 미리 달군 팬에 앞뒤로 살짝 굽는다.

05 접시의 중앙과 식빵의 안 쪽에 갈릭페스토를 바르고 그 위에 구운 식빵, 양상추, 반으로 쪼갠 방울토마토를 올린다. 마지막으로 푸아그라를 올리고 다시 구운 식빵을 기대어 놓는다.

06 볶은 야채를 접시의 주변에 놓는다.

07 발사믹리덕션을 지그재그로 뿌린다.

tip 로스트 토마토는 샌드위치에 최고로 잘 어울리는 재료다. 방울토마토로 만들어 그대로 맥주 안주로 사용해도 좋다. (만드는 법은 p.76 튜나 타르타르 참조)

덴푸라

튀김의 어원은 스페인어인 덴뿌로(절 이름)에서 유래되었다고도 하고, 포르투갈어인 덴뻬로(요리 이름)에서 유래되었다고도 한다. 어쨌든 덴푸라는 17세기 중엽 일본 규슈 서북부에 위치한 나가사키에 전래된 서구 요리가 일본식으로 변형된 것이라고 전해진다. 갓 튀긴 덴푸라에 전용 소스인 덴다시를 찍어, 전형적인 일본 요리의 풍미를 느껴보자.

주재료 ● 새우 6마리 ● 갑오징어 3조각 ● 게살 2조각 ● 고구마 50g ● 양파 50g ● 시소 2장 ● 표고버섯 2송이 ● 무 150g ● 실파 1뿌리

양념소스류 ● 계란 2개 ● 레몬 1/4개 ● 튀김가루 1컵 ● 감자전분 1컵 ● 모도간장(p.316 참조) 30ml

01 믹싱볼에 1리터의 물과 계란노른자 2개를 넣고 거품기로 잘 저어 체에 거른다.
그리고 레몬 1/2개를 넣고 통에 담아 보관한다.

02 튀김가루와 감자전분은 같은 비율로 섞어 체에 거른다.

03 새우는 칼집을 넣고 허리를 끊어 물에 씻어 보관하고,
갑오징어는 껍질 반대쪽에 칼집을 넣어 2cm×10cm 크기로 재단한다.
고구마는 5mm 두께로 납작하게 썰고, 양파는 1cm 두께로 링으로 썬다.
표고버섯은 별모양 칼집을 낸다.

04 모도다시 30ml와 가쓰오다시 170ml를 섞고 생강을 납작하게 편으로 잘라
냄비에 넣고 끓여 덴다시 200ml를 만든다.
무는 강판에 갈아 물에 헹궈 물을 꼭 짜 두고, 실파는 1mm 두께로 다진다.
덴다시 200ml를 오목한 접시에 담고 강판에 갈은 무는 뭉쳐서
2cm 크기의 정육면체만큼 넣는다. 다진 실파는 1tsp 넣는다.

05 믹싱볼에 준비한 계란물과 튀김가루를 같은 비율로 섞고 거품기로 천천히 저어준다.

06 재료에 튀김가루를 바르고 한 번 털어준 다음 반죽에 담구는 식으로 해서
175도의 기름에 튀긴다.

07 튀겨지는 재료에서 기포가 부드럽게 나오면서 표면이 단단해지면 건져서
기름이 빠지도록 30초 정도 종이 위에 올렸다가 접시에 담는다.

08 덴푸라를 4번의 덴다시에 찍어 먹는다.

칼

작업대를 정면으로 보고 발을 어깨 너비 정도로 벌린 다음 양발을 평행 또는 오른발을 뒤로 약간 뺀다. 오른손으로 칼자루를 잡고 엄지손가락으로 칼등을 누르고 칼을 숫돌에 수평으로 놓는다. 왼손 가운데 세 손가락을 칼등에 얹어 앞뒤로 밀고 당기는데 칼날이 앞쪽으로 향할 경우는 밀 때 힘을 주고 칼날이 바깥쪽을 향할 때는 당길 때 힘을 준다.

일식 요리에 입문하고 처음 배운 일 중 하나가 칼을 가는 일이다. 정신을 집중하고 칼을 갈면 여전히 옷이 땀에 젖을 정도로 쉽지 않다. 일식 요리사에게 칼은 단순한 도구 이상의 의미가 있다. 나는 요즘에도 하루에 두 번씩 영업시간 전에 정성껏 칼을 간다. 적어도 이 년 정도 매일 칼을 갈고, 칼 한 자루가 갈려 없어지고 나서야 자신의 손에 맞는 칼을 만들 수 있다. 마치 자신의 손처럼 자유자재로 사용할 수 있게 된다. 세워서 썰기, 눕혀서 썰기, 칼끝으로 썰기, 칼 뒤쪽으로 자르기……. 이 순간 칼은 도구라는 한계를 뛰어넘어 나의 분신으로 다시 태어난다.

대부분의 일식 조리사에게 칼은 마치 종교의식처럼 신성시된다. 자신의 칼을 남에게 맡기는 경우도 흔치 않지만 남의 칼을 사용하는 일도 흔치 않다. 특히 허락 없이 상사의 칼을 사용하는 것은 매우 무례한 일이다.

요리를 시작하고 수족처럼 사용한 첫 번째 칼은 2년이 지나 이제 닳아서 은퇴를 앞두고 있다. 한 달 전부터 틈틈이 실전에 사용하기 위한 두 번째 칼의 날을 세우고 있었는데, 이번에는 날을 통째로 날리고 다시 세우는 일을 경험하지 않기 위해 마음먹고 정성을 들였다.

나와 J는 칼의 매력에 빠져 있었다. 사건이 일어난 그날도 크로스타임에 잠시 짬을 내서 칼을 갈았다. 숫돌의 면은 항상 수평을 유지해야 칼을 제대로 갈 수 있기 때문에 사용한 숫돌은 거친 숫돌로 깎아 수평을 만들어 물통에 담그고, 스펀지에 세제 두 방울을 떨어뜨려 칼날과 자루를 깨끗하게 씻어 행주로 물기를 제거했다. 칼자루를 잡고 날을 위로 향하게 해서 눈 밑에 대고 날을 확인했다. 물방울도 잘릴 듯이 예리하다. 왼쪽 엄지를 칼날 위에 살짝 올렸다. 칼날이 살아 있는 것처럼 내 손가락 피부를 싸악 파고들었다. 오! 날이 제대로 섰다! 세포와 세포 사이를 파고들어 미처 통증을 느끼지 못할 정도로 예리하게 베인 손가락. 칼에서 느껴지는 살기에 짜릿한 희열을 느낄 정도였다.

내가 칼을 가는 동안 Y선배와 J는 잔업을 끝내고 작업대를 정리하고 있었다. 내가 J를 불렀다. J가 내 칼을 들고 앞뒤로 들여다보며 "좋은데! 음, 날이 제대로야"라면서 욕심을 냈다. 한참 검도를 배우던 J는 뒤돌아 서 있는 Y선배의 눈치를 잠깐 살피더니 선배의 등 뒤에서 사시미칼로 검도 자세를 해 보였

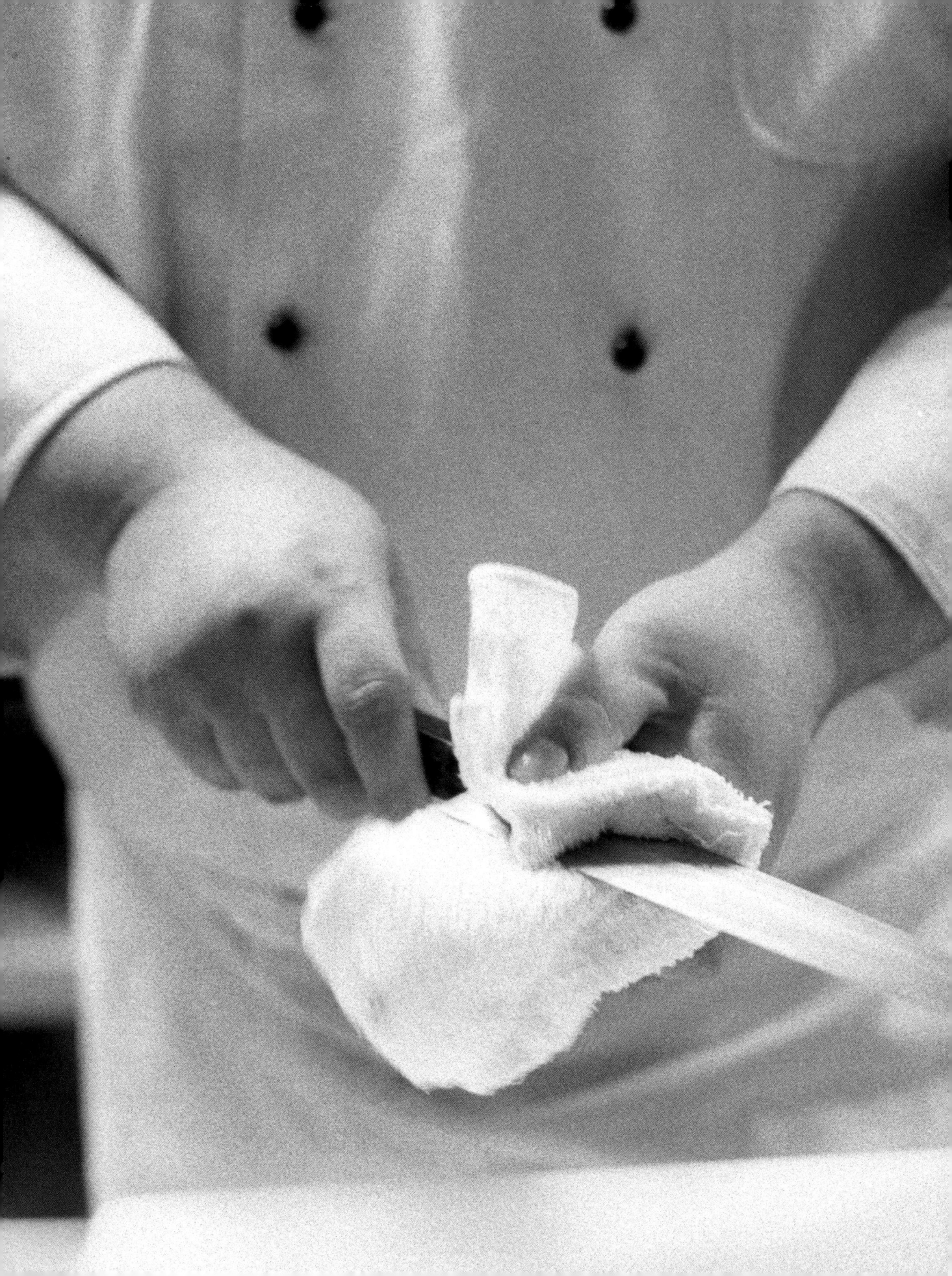

> 우린 솔직히 말했고 상황에 대한 설명을 다 들은 주방장은 칼의 기운이 사람을 쓰러뜨린 것이라고 했다. 선배의 등에서 50센티미터나 떨어져 있던 칼이 단지 그 기운만으로 사람을 기절시켰다는 사실은 놀라울 수밖에 없었다.

다. 일식 조리사에게 칼로 장난을 치는 행동은 안전의 이유가 아니더라도 말도 안 되는 행동이었다. 나는 놀라서 눈짓으로 주의를 주었지만 J는 아랑곳하지 않았다. 그런데 그 순간, 갑자기 선배가 힘없이 앞으로 쓰러졌다.

나와 J는 놀라서 선배를 부축해 의자에 앉혔다. 얼굴이 파랗게 질려 정신을 잃은 Y선배는 이내 의무실 침대에서 잠이 들었다. 몸살이라고 기록했지만 그가 왜 쓰러졌는지는 알 수 없었.

저녁 영업이 끝날 무렵 선배가 창백한 얼굴을 하고 주방에 들어와 주방장에게 죄송하다며 연신 사과를 했다. 그 당시엔 안전사고가 발생하면 상처 치유보다 우선 상사에게 '영업에 누를 끼쳐 죄송하다'고 사죄를 하는 것이 일반적이었다. 주문이 들어오면 바로바로 요리를 해야 하는 직업의 특성상 자리를 비우게 되는 일이 다른 동료들에게 업무부담을 주기 때문이다.

"오전에 멀쩡하던 녀석이 왜 의무실에 누웠냐?"라는 주방장님의 질문에 Y선배는 본인도 잘 모르겠다며 다만 뒤에서 섬뜩한 칼 같은 것이 내 등을 가로로 베는 느낌이 들었고 바로 몸에 힘이 빠졌다고 했다.

"뒤에 누가 있었냐?"

주방장이 물었다.

"네. 저하고 J가 있었습니다."

"너희들 뒤에서 뭐 하고 있었는데?"

오랜 세월의 경험으로 모든 걸 알고 있을 주방장에게 거짓말을 할 수는 없었다. 우린 솔직히 말했고 상황에 대한 설명을 다 들은 주방장은 칼의 기운이 사람을 쓰러뜨린 것이라고 했다. 선배의 등에서 50센티미터나 떨어져 있던 칼이 단지 그 기운만으로 사람을 기절시켰다는 사실은 놀라울 수밖에 없었다.

부주의로 사고를 낸 우리는 뒤늦게 사실을 알게 된 선배에게 불려가 호된 꾸지람을 들었다.

나를 버리고
또 다른 나를
받아들이다

한때 나는 내가 천재적인 재주를 가졌다는 착각에 빠져 남의 말은 듣지 않았다. 선배나 고객이 지적해주는 것도 귀에 들어오지 않았고 오만과 편견에 가득 차서 내 요리만이 새로운 형식과 내용을 담을 수 있다고 맹신했다. 반면 다른 사람이 한 훌륭한 요리를 보고는 질투심에 차서 인테리어나 그릇 덕분이라며 남의 것을 폄하하기 바빴다. 지금 생각해보면 어리석기 짝이 없는 일이기는 했지만 그랬다.

셰프 중에는 자신의 주장을 끝까지 고집하거나 겸손하게 남의 말을 경청하는 것 같지만 속으로는 결코 승복하지 않는 사람들이 있다. 그들은 대개가 알량한 명성과 아집에 빠져 나 아닌 다른 사람들을 업신여긴다. 유난히 근성을 강조하는 풍토 탓도 있을 것이다. 그러나 근성도 근성 나름이다. 내가 최고라는 독선에 가득 찬 근성은 자신이 발전하는 데 전혀 아무런 도움이 되지 않는다.

뒤늦게나마 이 사실을 깨닫게 된 나는, 자만심과 오만한 마음이 고개를 들 때면 평소 봐두었던 식당에 찾아가 요리를 먹어보곤 한다. 오랫동안 굳건히 명성을 유지하면서 십년, 이십년 그 자리를 지키고 있는 식당에는 세월을 이기고 살아남은 이유가 반드시 있다. 그 식당의 요리를 먹으면서 나는 이전에는 몰랐던 것을 발견하곤 한다. 그 식당의 요리사가 내가 이미 알고 있는 것을 모를 수도 있지만, 어쨌든 나는 새로운 것을 배울 수 있는 것이다.

셰프들은 대개 모임이 있다. 호텔에서 근무하는 요리사들, 고급 레스토랑에서 근무하는 요리사들, 뷔페에서 근무하는 요리사들 등 비슷한 업종에서 일하는 사람들이 모여 새로운 음식을 맛보거나 요리에 대한 토론을 하는 것도 좋다. 또는 요리에 관심이 많은 미식가들이 인정하는 레스토랑에 찾아가는 것도 한 방법이다.

'고기 맛을 본 놈이 고기를 먹는다' 라는 말이 있다. 최고의 요리를 만들어내야 하는 나 같은 사람들은 일반인들보다 더 좋은 것을 먹어보고, 연구하는 데 노력을 게을리 하지 말아야 한다는 것이 나의 평소 지론이다. 좋은 요리를 먹어봐야 좋은 요리를 만들 수 있기 때문이다. 내가 마음을 비운다면 더 많은 것도 얻을 수도 있다.

고객은 결코 우매하지 않다. 그런 고객이 인정하는 요리야말로 진정한 생명력 있는 요리가 될 수 있다.

PART 6 밥

일식의 기본이 되는 초밥. 고수의 초밥 짓는 법을 비롯해 각종 덮밥과 다양한 방식의 캘리포니아 롤까지… 유희영 셰프가 직접 개발한 소스와 어우러지며 환상적인 맛과 풍미를 선사한다.

RICE

치킨 데리야키 리조토

일식의 데리야키와 이탈리아식 리조토를 혼합한 퓨전 요리. 리조토는 우리나라의 찰지고 쉽게 퍼지는 쌀로는 만들기가 쉽지 않아 이탈리아의 단단하고 쉽게 무르지 않는 쌀을 사용하는 것이 좋다. 국내에서도 이탈리아의 쌀을 사용하는 레스토랑이 조금씩 늘고 있다.

주재료 ● 닭다리살 160g ● 밥 120g ● 양파 20g ● 양송이 1개 ● 마늘 1쪽
양념소스류 ● 데리야키소스(p.315 참조) 150ml ● 버터 2Tbs ● 화이트와인비네거 1Tbs ● 생강가루 1tsp
● 올리브오일 2Tbs ● 맛술 150ml ● 닭육수 100ml ● 파마산치즈가루 1Tbs
가니시 ● 대파 1뿌리 ● 실파 1뿌리

01 뼈 없는 닭다리살을 준비해 껍질을 제거하고 기름 덩어리들은 모두 떼어 낸다.
　 믹싱볼에 닭다리살을 넣고 소금과 후추, 생강가루, 올리브오일을 넣고 잘 버무린 다음
　 3~4시간 동안 냉장보관한다.
02 오븐을 200도로 예열하고 1번의 닭다리살을 20~25분 동안 굽는다.
03 팬에 데리야키소스를 붓고 2의 닭다리살을 넣고 졸인다.
04 양파, 양송이는 3~4mm 크기의 정육면체로 썰고, 마늘은 1mm 두께로 얇게 저민다.
　 대파는 5cm 길이로 채 썬 다음 찬물에 헹궈 매운 맛을 제거하고, 실파는 1mm 크기로 다진다.
05 냄비에 화이트와인비네거를 넣고 후추를 첨가해 졸여 잡냄새를 날린다.
　 그리고 버터를 넣고 야채를 볶는다.
06 볶은 재료에 닭육수 100ml와 밥을 넣고 볶듯이 나무주걱으로 저으면서 끓이다가
　 파마산 치즈파우더를 1Tbs를 넣는다.
　 리조토를 접시에 담고 3의 데리야키치킨을 먹기 좋은 크기로 잘라 밥 위에 올린다.
07 치킨데리야키 위에 산초가루를 뿌리고 채 썬 대파를 동그랗게 말아 위에 올린다.

장어 데리야키 덮밥

데리를 바르며 구운 부드러운 장어를 뜨거운 밥 위에 얹어 먹는 요리. 우리나라는 더운 여름철 보양식으로 삼계탕을 먹지만 일본은 민물장어를 먹는다. 우리와 일본의 장어 요리가 서로 다른데 그중 가장 큰 차이를 보이는 점은 지방의 제거에 있다. 일본의 어느 유명한 장어요리전문점은 살아 있는 장어를 소쿠리에 한 마리씩 담아 여러 겹으로 쌓고 그 위에 수도꼭지를 열어 물을 흘려보낸다고 한다. 그 정도면 일정량의 수분이 유지되고 장어는 죽지 못해 산다고 하는데, 이런 식으로 며칠을 두면 스트레스를 받은 장어는 몸에 살이 빠져 담백한 맛을 낸다고 한다.

주재료 ● 민물장어 1마리(350g) ● 계란 1개 ● 밥 200g
양념소스류 ● 데리야키소스(p.315 참조) 3Tbs
가니시 ● 산초가루 소량 ● 무순 소량 ● 실파 소량 ● 생강 1/2쪽

01 시장에서 손질해서 준비한 민물장어를 물에 담가 핏물을 뺀다.
02 장어의 안팎을 칼로 긁어 이물질을 제거하고 예열된 200도의 오븐에 15분 동안 굽는다.
　　(장어의 크기에 따라 약간의 오차가 생길 수 있다.)
03 생강은 바늘처럼 가늘게 채 썰어 찬물에 담가 매운맛을 빼고, 실파는 다진다.
04 팬에 기름을 바르고 계란 1개로 얇게 지단을 부친 다음 식혀서 곱게 채 썬다.
05 구운 장어는 뜨거울 때 살이 부서지지 않도록 찬물에 살짝 씻어 겉에 붙은 기름을 씻어 낸다.
06 기름을 두른 팬에 장어를 올려 굽는다. 이때 데리야키소스를 넣는다.
07 장어를 도마 위에 올리고 한입 크기로 자른다.
08 대접에 밥을 담고 그 위에 4번의 계란 지단을 덮은 다음 7번의 장어를 올린다.
　　그리고 생강, 실파, 무순, 산초가루를 뿌리고 팬에 남은 데리야키소스를 뿌린다.

송이 덮밥

송이 덮밥은 고급재료를 사용한 고급요리다. 송이 덮밥과 같은 방법으로 쇠고기를 주재료로 하면 '규동'을, 닭고기를 주재료로 하면 '오야코동'을 만들 수 있다. 내가 만든 송이 덮밥의 특징은 맛이 풍부하고 부드럽다는 것이다. 평소 송이 덮밥이 규동이나 오야코동, 가쓰동에 비해 퍽퍽하다고 느꼈는데, 버터를 소량 첨가해 부드러움을 살린 것.

주재료 ● 자연송이 2송이 ● 계란 1개 ● 양파 70g ● 쑥갓 20g ● 실파 4뿌리 ● 밥 1공기
양념소스류 ● 돈부리다시(p.315 참조) 270ml ● 후추 ● 버터 2tsp
가니시 ● 김 1/4장

01 송이의 뿌리 부분을 연필 깎듯이 깎은 다음, 물에 적신 행주로 송이의 모래를 깨끗하게 씻는다. 이후 3mm 두께로 길게 자른다.

02 양파는 5cm 길이로 채 썬다. 쑥갓은 굵은 줄기를 제거하고 실파와 함께 5cm 길이로 길게 자른다. 계란은 미리 깨서 풀어 놓고, 김은 채 썬다.

03 냄비에 돈부리다시를 붓고 양파와 실파, 쑥갓을 골고루 펴고 끓인다. 버터를 넣는다.

04 1번의 재단한 송이버섯을 가지런하게 끓는 소스 위에 올리고 계란을 송이버섯 위에 넓게 펴서 뿌린다.

05 계란이 60%정도 익으면 밥이 담긴 덮밥 그릇에 끓인 내용물을 가지런하게 올린다. (국물과 함께 올린다.)

06 후추를 뿌리고 중앙에 채 썬 김을 올린다.

차슈 덮밥

밥 위에 차슈(일본식 수육)를 올리고 산초가루와 실파를 뿌린, 차슈의 풍부한 맛과 따끈한 밥이 잘 어울리는 메뉴다. 차슈는 한번 만들어두면 여러 요리에 활용할 수 있고, 한 번에 많은 양을 만들게 되므로 손님 초대 메뉴로도 그만이다.

주재료 ● 차슈(일본식 수육) 120g ● 밥 200g ● 대파(흰 부분) 1/2개
양념소스류 ● 산초가루
가니시 ● 실파 2뿌리 ● 무순 소량 ● 래디시 소량

01 일본식 수육(차슈)을 준비한다.(p.152 칠리소이소스의 일본식 삼겹살 참조)
　　아래의 재료를 모두 넣고 15~20분을 끓인 후 돼지목살(3.5kg)을 넣고 1/3만 삶아준다.
＊ 대파(100g), 양파(200g), 마늘(60g), 저민 생강(50g), 레몬(1/2개), 물(5ℓ), 통후추(30g)
　　노두유(170ml), 기꼬망간장(500ml)을 믹싱볼에 같이 담아 섞은 다음
　　앞의 삶은 목살을 넣고 고루 바른다.
　　목살을 160도로 예열된 기름에서 튀긴다. 겉 표면이 단단하고 짙은 갈색이 되면 건진다.
　　큰 통에 물 5리터를 붓고 아래 재료를 넣고 20분 동안 끓인 다음,
　　목살을 넣고 약한 불에서 30분간 끓이다가 청주를 넣고 5분간 더 끓여준다.
＊ 굴소스(100ml), 몽고 간장(500ml), 미림(500ml), 마늘(75g), 통후추(30g), 레몬(1개), 대파(150g),
　　건고추(2개), 설탕(200g), 물(5ℓ), 생강(80g), 양파(360g), 정종(200ml)
　　돼지고기를 모두 건지고 국물은 식힌다.
　　돼지고기 목살을 0.2cm 두께로 썰어서 보관통에 가지런히 담는다.
　　그리고 돼지고기를 끓였던 국물은 식혀서 보관통에 붓는다.
02 대파의 흰 부분을 5cm 길이로 자른 다음 채를 썰어 찬물에 매운맛이 없어지도록 헹군다.
　　실파는 다진다.
03 대접에 따끈한 밥을 담는다. 그 위에 2번의 대파를 고르게 뿌린다.
04 냄비에 차슈 9~10쪽과 차슈 삶은 물(100ml)을 담고 불 위에서 살짝 데운다.
05 3의 밥 위에 차슈를 가지런하게 담는다.
　　그리고 산초가루를 살살 뿌리고 다진 실파도 뿌린다.
06 중앙에 래디시를 채 썰어 올린다.

214

가쓰동 (돈가스 덮밥)

가쓰동이란 돈가스를 야채와 함께 덮밥소스에 끓여 계란을 풀고 밥 위에 올려 비벼 먹는 덮밥을 말한다. 퍽퍽한 돈가스를 부드럽게 적셔 먹을 수 있으며, 한 그릇에 밥과 고기, 채소가 모두 들어간 영양 만점 메뉴이다.

주재료 ● 돈가스 1장(130g) ● 계란 1개 ● 양파 60g ● 쑥갓 20g ● 실파 4뿌리 ● 밥 1공기

양념소스류 ● 돈부리다시(p.315 참조) 270ml ● 후추

가니시 ● 김 1/4장 ● 실파 1뿌리 ● 김 1/4장

01 양파는 5cm 길이로 채 썬다. 쑥갓은 굵은 줄기를 제거하고 실파와 함께 5cm 길이로 길게 자른다. 계란은 미리 깨서 풀어 놓고, 김은 채 썬다.
02 돈가스를 175도의 기름에 튀긴 다음 10조각으로 자른다.
03 냄비에 돈부리다시를 붓고 양파와 실파, 쑥갓을 골고루 펴고 끓인다.
04 2번의 재단한 돈가스를 가지런하게 끓는 소스 위에 올리고 계란을 돈가스 위에 넓게 펴서 뿌린다.
05 계란이 60% 정도 익으면 밥이 담긴 덮밥 그릇에 끓인 돈가스를 가지런하게 올린다. (국물과 함께 올린다.)
06 후추와 다진 실파를 뿌리고 중앙에 채 썰은 김을 올린다.

연어차스케

오차스케란 적당히 식은 밥에 뜨거운 오차를 부어 말아 먹는 것이다. 관서지방, 특히 교토에는 절임 요리가 발달되어 있어 절임 요리와 곁들여 먹는다고 한다. 이것이 변형된 것이 오차 대신 얇은 맛을 들인 가쓰오부시 국물이나 다시마다시로 말아 먹기도 하고 흰살생선, 김, 우메보시 등을 넣어 먹기도 한다.

주재료 ● 연어 100g ● 밥 180g ● 김 1/2장 ● 우메보시(매실절임) 2개
양념소스류 ● 센차(녹차) 300ml ● 가쓰오다시 300ml ● 생와사비 1tsp
가니시 ● 실파 1뿌리 ● 무순 소량

01 연어는 살코기로 준비하고 얇게 썰어 소금을 살짝 뿌린다.
02 오븐을 200도로 예열한 다음 연어를 넣고 10분간 굽는다.

03 연한 다시물을 준비한다.
　　물 1리터를 불 위에 올려 끓으면 가쓰오부시 1/3컵을 넣고 불을 끄고, 이것을 체에 거른다.
　　그 다시물 300ml에 소금 1/4tsp, 미림 1tsp, 청주 1tsp, 국간장 1/2tsp을 넣고 끓인다.
04 녹차를 300ml 준비한다.
05 김은 0.5cm×5cm 크기로 썰고 실파는 다진다. 우메보시는 씨를 빼고 다진다.
06 대접에 밥을 담고 구운 연어를 거칠게 부숴 올린다. 5에서 준비한 재료를 넣는다.
07 무순을 올리고 4의 뜨거운 녹차와 3의 뜨거운 가쓰오다시를
　　각각 250ml씩 섞어서 밥에 붓는다.
　　(녹차와 가쓰오다시물은 흔들리지 않게 살며시 붓는다. 50ml씩 남긴 이유는
　　침전물이 차스케에 들어가지 않고 냄비의 바닥에 가라앉게 하기 위함이다.)
tip 차스케에서 오차는 반드시 끓여 뜨거울 때 붓는다. 그리고 가능한 한 빨리 먹는 것이 좋다.

복죽

복요리 전문점에서 복지리를 먹으면 건더기는 건져 먹고 그 물에 밥 또는 면을 넣어 끓이는 그 맛이 별미다. 일반 가정에서 복어를 구하기가 쉽지 않지만 요즘 수산물 도매시장에 가면 깨끗하게 손질된 복어를 구입할 수가 있다. 나는 이 요리에 일본 백된장을 첨가해 구수하고 담백한 복죽을 만들었다.

주재료 ● 복어 280g ● 쌀 4/3컵 ● 무 20g ● 배추 30g ● 콩나물 30g

양념소스류 ● 계란노른자 1개 ● 참기름 ● 된장 2tsp

가니시 ● 실파 ● 미나리 ● 미역 ● 깨 ● 김

01 복어는 튀김이나 지리를 하고 남은 몸통뼈와 머리뼈를 준비해 물에 30분 이상 끓인다.

02 복어의 뼈를 건지고 뼈에 붙은 복어살을 꼼꼼하게 떼어 낸다.

03 쌀은 30분 이상 물에 불린다.

04 무는 연필 깎는 자세로 얇게 깎고,

　콩나물은 머리를 떼어내고 줄기만 1.5cm 길이로 재단하여 끓는 물에 데친다.

　표고버섯은 채 썰고, 배추도 3cm×3mm 크기로 채 썬다.

05 불린 쌀을 믹서에 거칠게 갈아서 냄비에 넣고, 복어 뼈를 삶은 물을 붓고 끓인다.

06 물이 끓으면 무, 표고버섯, 배추, 복어살을 넣고 중약불에서 주걱으로 저어가며 끓인다.

07 죽이 걸쭉하게 되면 콩나물과 된장을 넣고 소금간을 한다.

08 계란노른자 1개에 물 50ml를 붓고 섞은 다음 죽에 넣고 응고되지 않도록 잘 섞는다.

09 죽을 대접에 담고 그 위에 실파참 1Tbs, 다진 미역 2Tbs, 다진 미나리 2Tbs, 깨를 뿌린다.

tip 추운 겨울 별미로 먹는 복죽에 유자폰즈소스를 곁들이면 더 맛있는 죽을 먹을 수 있다.

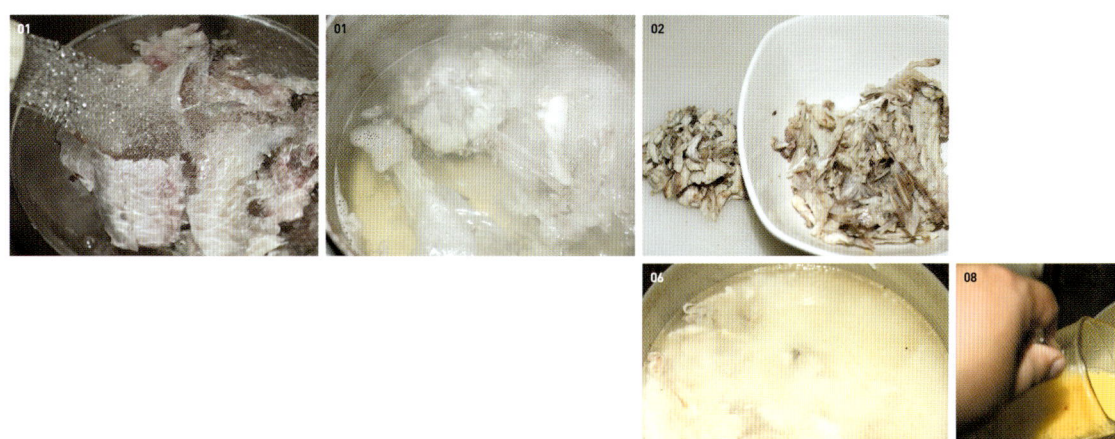

참치 덮밥

덮밥(지라시스시)은 식초와 소금으로 간을 맞춘 초밥밥 위에 각종 생선, 달걀, 야채 등을 얹어 놓은 요리다. 지라시스시는 주먹초밥과 달리 속재료의 크기나 두께에 구애받을 필요가 없기 때문에 결코 다른 요리에 사용할 수 없는, 쥔 초밥에 사용하고 남은 아주 작은 자투리까지도 이용할 수 있는 장점이 있다. 그러나 손님도 이런 사실을 알고 있기 때문에 오히려 더 많은 정성을 들여야 하는 경우도 많다.

주재료 • 밥 200g • 참치(붉은살 냉동참치) 140g • 대파 1뿌리 • 실파 2뿌리
양념소스류 • 김 1/4장 • 와사비 1tsp • 데리야키소스(p.315 참조) 150ml • 다시마 1장(15cm×15cm) • 가쓰오부시 1컵 • 깻잎 2장

01 따끈한 물 1리터에 소금 30g을 넣고 녹인다.
여기에 붉은살 냉동참치를 2분간 담갔다가 표면을 씻고 건져 놓는다.
02 냄비에 물 1리터를 붓고 다시마(15cm×15cm)를 넣은 다음 약불로 끓인다.
물이 끓으면 다시마를 건지고 불을 끄고, 가쓰오부시 1컵을 넣는다. 20분 뒤에 체에 걸러 차게 식힌다.
03 2번의 가쓰오다시물 300ml와 데리야키소스 150ml를 섞는다.
여기에 1번의 해동 참치를 2시간 동안 담가서 맛을 들이고 건져 물기를 닦아 보관한다.
04 그릇에 따끈한 초밥을 담고 가늘게 썬 김을 밥 위에 뿌린다.
05 3번의 참치를 2~3mm 두께로 썰어 밥 위에 덮는다.
06 실파는 총총 썰어 뿌리고, 대파는 흰 부분을 가늘게 채 썰어 찬물에 헹군 다음 건져서 올린다.
중앙에 채 썬 깻잎을 놓고, 와사비를 그릇의 옆에 놓는다.

초밥

[초밥밥 맛있게 짓기]

맛있는 초밥은 밥을 지었을 때 밥알 하나하나가 잘 흩어져야 좋다. 즉, 초밥은 '고슬고슬'하게 지어야 한다. 고슬고슬하게 짓는 것은 된밥과는 다르다. 많은 사람들이 초밥을 지을 때 된밥을 지어 밥알을 단단하게 만드는데, 가장 실수를 많이 하는 부분이다.

01 쌀 씻기

쌀은 보통 밥짓기 1시간~1시간 30분 전에 씻는 것이 이상적이다.

쌀을 씻을 때는 재빨리 힘을 가하지 않고 씻는 것이 좋다.

쌀은 햅쌀보다 묵은쌀이 좋다고 하는데 이는 묵은쌀에는 밥을 지었을 때 끈적임이 적기 때문이다.

02 침수하기

쌀을 씻어 물에 담가둔다. 여름철에는 30분, 겨울철에는 1시간, 봄가을에는 45분 정도 둔다.

침수를 하지 않아 수분이 충분히 흡수되지 않은 쌀의 중심에는 심이 남아있다.

03 보관하기

쌀을 소쿠리에 옮겨 담아 물기를 뺀 다음 냉장고에 30분 이상 넣어 둔다. 쌀알의 표면에 과다했던 수분이 쌀의 가운데까지 흡수되어 균일한 상태의 밥을 만들 수 있다. 만약 소쿠리에 보관하지 않고 밥을 하면, 밥의 안쪽은 적당히 익었지만 수분이 많았던 겉면은 질퍽해져 고슬고슬한 밥을 만들 수 없다.

04 끓이기

중불로 밥을 끓이고 밥물이 냄비의 뚜껑사이로 넘치면 약불로 줄인다.

05 뜸들이기

약불로 줄여 10분간 두고 최대한 약한 불로 줄여 10분 더 둔다. 그리고 불을 끄고 15~20분간 뜸을 들인다.

[혼합초 섞기]
다 지어진 고슬고슬한 밥에 혼합초를 끼얹을 때는 흡수성이 좋은 나무 초밥통을 준비하는 것이 좋다. 바닥이 넓고 편평한 것이 좋은데 사용할 때마다 잘 건조시켜두면 초밥밥에 함유되어 있는 여분의 수분을 재빨리 흡수해주므로 산뜻하고 윤기 있는 초밥밥이 만들어진다.

01 초밥전용 나무밥통을 깨끗이 씻어 물기를 닦아내고 안쪽에 혼합초를 빈틈없이 발라둔다.
02 밥을 주걱으로 퍼서 초밥통으로 옮긴다.
03 준비한 혼합초는 밥 전체에 골고루 끼얹는다.
04 밥이 끈적이지 않도록 나무주걱으로 밥을 자르듯이 섞어 혼합초가 잘 스며들게 한다.
05 부채질하며 잘 섞는다.(부채질은 밥을 식히는 것이 아니라 수분을 날리는 작업이다.)
06 체온 정도의 따뜻한 초밥밥을 초밥보관용 밥통에 옮겨 담는다.
07 초밥이 마르지 않도록 물에 적셔 짠 행주를 위에 덮고 뚜껑을 덮어 보관한다.
08 초밥은 한 시간 정도 숙성시켜 사용한다.

트레저 아일랜드(A style)

캘리포니아 롤의 만드는 방법은 크게 세 가지로 나뉜다.
스파이시 튜나, 캘리포니아 롤 같은 김밥을 뒤집어 한 번만 마는 방법(A style), 두 번째는 뒤집어 말은 롤 위에 재료를 올리고 다시 한 번 마는 방법(B style), 그리고 마지막으로 뒤집어 말은 롤을 치즈 등의 토핑을 추가해 굽는 방법(C style)이 있다.
여기에 소개하는 롤은 A style이며 롤 위에 바삭한 크런치를 듬뿍 올리고 그 위에 형형색색의 재료를 자연스럽게 뿌려 보물섬을 연상시킨다.

주재료 ● 밥 120g ● 아보카도(4mm) 3조각 ● 장어 45g ● 참치 50g ● 오이 20g
양념소스류 ● 데리야키소스(p.315 참조) 1Tbs ● 아이하와이안소스(tip 참조) 2Tbs
가니시 ● 날치알 1Tbs ● 크런치 2/3컵 ● 실파 ● 무순

01 김발을 랩으로 감싼다.
02 김을 반으로 자른다.
03 구운 장어와 참치는 길게 자른다.
04 오이는 채 썰고, 실파는 다져서 준비한다.
05 김 1/2장을 도마 위에 올려놓고, 초밥을 얇게 깔고 뒤집는다.
06 김의 중앙에 아보카도와 참치, 오이채를 올리고 장어를 전자레인지에 30초간 데워서 같이 올린다.
07 랩으로 싼 김발로 말아준다.
08 롤을 8조각으로 자르고 접시에 눕혀서 담은 다음 데리야키소스를 뿌린다.
09 크런치를 롤 위에 수북하게 올리고 아이하와이안소스를 크런치 위에 지그재그로 뿌린 다음 날치알, 실파, 깨, 무순을 자연스럽게 올린다.

tip 아이하와이안소스 만들기
간장마요네즈(마요네즈 1.5kg에 기꼬망간장 1Tbs를 섞은 것) 400g, 스리라차칠리 400g, 레몬주스 100ml를 믹싱볼에 넣고 잘 섞는다. (냉장보관 2개월 가능)

04

05

06

빅보스 롤(C style)

어린 시절 좋아하던 미국의 프로레슬러 중 빅보스맨이라는 사람이 있었는데 뚱뚱하고 못생겼지만 재주가 많아 팬들이 많았다. 토핑이 많아 정돈되어 보이진 않지만, 새우튀김과 장어, 요거네즈소스 등 많은 재료가 들어가 풍부하고 다양한 맛의 이 롤을 만들고 빅보스맨의 이름이 떠올랐다.

주재료 • 김 1/2장 • 초밥 200g • 아보카도 3쪽 • 오이 30g • 게맛살 2개 • 단무지 10g • 튀긴 새우 2개 • 무순 10g

양념소스류 • 요거네즈(p.322 참조) 50ml • 데리야키소스(p.315 참조) 15ml

토핑 • 장어 15g • 크런치 10g • 날치알 10g • 실파 1뿌리 • 후리가케 1Tbs

01 김발을 랩으로 감는다.

02 김을 2/3 크기로 자른다.

03 계란물(물 500ml, 계란노른자 1개, 레몬 1/4개)과
튀김가루(감자전분과 튀김가루를 동량으로 섞은 것)를 부피의 양으로 동량으로 섞어 반죽한다.
파이팬에 전분 1Tbs를 담고 튀김새우 두 마리를 넣어 전분을 얇게 고루 바른다.
전분이 붙은 새우를 반죽에 담갔다가 175도의 기름에 튀긴다. (p.196 덴푸라 참조)

04 아보카도는 세로로 반을 쪼개고 껍질과 씨를 제거한 다음 3~4mm 두께로 얇게 자른다.
게맛살은 결 방향으로 가늘게 쪼개고, 반건조단무지는 2mm 두께로 채 썬다.
오이도 채 썰고, 장어는 5mm 크기로 썰어서 전자레인지에 30초간 데운다.

05 도마 위에 김을 올린 다음 초밥을 얇게 깔고 후리가케를 뿌려 뒤집는다.

06 김의 중앙에 게맛살, 단무지, 오이, 튀긴 새우, 무순, 아보카도를 놓고 말아준다.

07 파이팬에 요거네즈를 지그재그로 뿌리고 롤을 8쪽으로 잘라 파이팬 위에 올린다.

08 롤 위에 요거네즈를 뿌린다.

09 200도로 예열된 오븐에 3분 동안 굽는다.

10 구운 롤을 접시에 옮겨 담고 전자렌지에 데운 뜨거운 장어, 날치알, 실파, 후리가케, 크런치를 뿌린다.

샤이니 데이 롤(B style)

파인애플 중앙에 새우를 올려 뜨거운 태양을 연출했다. 상큼한 파인애플과 달콤한 스위트칠리소스, 부드러운 크림치즈가 잘 조화된 롤.

주재료 ● 밥 120g ● 김 1/2장 ● 게맛살 1.5개 ● 오이 30g ● 아보카도 3개 ● 크림치즈 20g
양념소스류 요거네즈(p.322 참조) 1Tbs ● 스위트칠리소스 1tsp
토핑 ● 실파 ● 날치알 ● 미니 파인애플 4조각 ● 초밥용 새우 2마리

01 김발에 랩을 말아 준비한다.
02 김을 반으로 자른다.
03 미니파인애플 한 개를 3쪽으로 얇게 편을 뜨고, 실파는 다진다.
   초밥용 새우는 2등분 하고, 오이는 채 썰어 준비한다.
   아보카도는 세로로 반으로 자르고 껍질과 씨를 제거한 다음 3~4mm 두께로 얇게 편으로 자른다.
   크림치즈는 두께 0.5cm로 스틱으로 자른다.
04 반으로 자른 김을 도마 위에 놓는다. 초밥을 얇게 김 위에 깔고 뒤집는다.
05 김의 중앙에 게맛살, 오이, 아보카도, 크림치즈를 넣고 말아준다.
   랩으로 감은 김발로 눌러 모양을 잡는다.
06 롤 위에 미니파인애플을 한쪽씩 올리고
   파인애플의 중앙에 새우를 꼽고 랩으로 덮고 한 번 더 말아준다.
07 롤을 8쪽으로 자르고 두 쪽씩 붙여서 접시에 담는다.
08 요거네즈와 스위트칠리소스를 뿌리고 실파, 날치알을 뿌린다.

소이 포테이토 롤(A style)

롤 위에 튀긴 감자를 올리고 데리야키소스를 뿌려 볼륨감 있게 만들었으며 감자와 롤의 맛이 잘 어울린다. 튀긴 감자에 뿌린 소스가 방울방울 매달린 모습이 보는 재미도 더한다.

주재료 ● 밥 120g ● 김 1/2장 ● 아보카도 3조각(4mm) ● 오이 20g ● 감자 150g ● 게맛살 1개
양념소스류 ● 데리야키소스(p.315 참조) 12ml ● 영소스(p.321 참조) 30ml
토핑 ● 날치알 1tsp ● 실파 1tsp

01 감자는 껍질을 벗기고 2mm 두께로 채를 썬 다음 물에 담가서 전분을 제거한다.
    이후 소쿠리에 옮겨 담아 물을 빼고 165도의 기름에 튀긴다.
02 아보카도는 길게 반으로 쪼개고 껍질을 벗긴 다음 씨를 제거한다.
    그리고 3~4mm 두께로 얇게 썬다.
    실파는 다지고, 오이는 채 썰며, 게맛살은 결 방향으로 잘게 찢는다.
03 도마 위에 랩을 씌운 김발을 놓고 김 1/2장을 올린다. 그리고 초밥을 얇게 깔고 뒤집는다.
04 아보카도, 오이, 단무지, 게맛살을 김밥의 중앙에 넣고 말아준다.
05 김밥을 8조각으로 자르고 접시의 중앙에 눕혀놓는다.
06 밥 위에 영소스를 뿌려주고, 튀긴 감자를 수북하게 올린다.
07 감자 위에 데리야키소스를 뿌려주고 실파, 날치알로 가니시한다.

볼케이노 롤 (A style)

롤 위에 올려진 노란 소스와 주황색 훈제연어, 붉은 날치알이 끓는 화산 같아 붙은 이름이다. 훈제연어의 스모크향과 매콤하고 강한 맛의 영소스가 만나 맛의 상승효과를 준다.

주재료 ● 밥 120g ● 김 1/2장 ● 오이 30g ● 훈제연어 60g ● 양파 30g ● 게맛살 1개 ● 아보카도 3쪽
　　　　　크런치 3Tbs
양념소스류 ● 영소스(p.321 참조) 2Tbs
토핑 ● 실파찹(chop) 3뿌리 분량 ● 날치알 30g

01 김발을 랩으로 싼다.
02 김을 반으로 자른다.
03 실파는 다지고, 오이는 채 썰어 준비한다.
　　아보카도는 세로로 반으로 자른 다음 껍질과 씨를 제거하고 3~4mm 두께로 얇게 편으로 자른다.
　　게맛살은 결 방향으로 가늘게 찢는다.
04 훈제연어는 4mm 크기의 정육면체로 썰고,
　　양파는 4mm 크기로 다진다.
05 대접에 훈제연어와 양파, 날치알을 넣고
　　젓가락으로 영소스와 잘 비빈다.
　　그리고 실파를 넣고 살짝 비빈다.

06 도마 위에 김을 올리고 그 위에 초밥을 얇게 펴서 뒤집는다.
07 김의 중앙에 오이, 아보카도, 크런치, 게맛살을 넣고
　　롤을 말아 랩으로 싼 김발로 눌러 단단하게 만들고
　　8쪽으로 자른다.
08 롤을 한 알씩 접시에 눕혀 놓는다.
09 밥 위에 비벼놓은 4번의 훈제연어, 양파, 날치알을
　　2tsp씩 올린다.

그린 필드 롤(B style)

그 모양이 녹색 잔디로 덮인 언덕 같아 지어준 이름이다. 상큼하고 시원한 맛과 크림치즈의 부드럽고 깊은 맛이 좋은 롤이다.

주재료 ● 밥 120g ● 김 1/2개 ● 게맛살 1.5개 ● 오이 30g ● 아보카도 3쪽 ● 크림치즈 30g
양념소스류 ● 요거네즈(p.322 참조) 1Tbs ● 데리야키소스(p.315 참조) 2tsp
토핑 ● 실파찹(chop) ● 날치알 ● 연어알 4개 ● 키위 1/3개

01 김발에 랩을 말아 준비한다.
02 김을 반으로 자른다.
03 키위는 껍질을 벗기고 가로방향 2mm 두께로 얇게 편을 뜬다. 실파는 다지고, 오이는 채 썰어 준비한다. 아보카도는 세로로 반으로 자르고, 껍질과 씨를 제거한 다음 3~4mm 두께로 얇게 편으로 자른다. 크림치즈는 두께 0.5cm로 스틱으로 자른다.
04 반으로 자른 김을 도마 위에 놓는다. 초밥을 얇게 김 위에 깔고 뒤집는다.
05 김의 중앙에 게맛살, 오이, 아보카도, 크림치즈를 넣고 김발로 말아준다.
06 롤 위에 키위를 한 쪽씩 모두 4쪽 올리고 랩으로 덮는다. 그리고 김발로 눌러 모양을 잡는다.
07 롤을 8쪽으로 자르고 두 쪽씩 붙여 접시에 담는다.
08 데리야키소스를 롤 전체에 뿌리고 롤의 꼭대기에 요거네즈를 놓고 연어알을 한 개씩 올린다.
09 실파, 날치알을 뿌린다.

키스미 롤(B style)

초밥용 새우를 지그재그로 토핑한 모습이 키스해달라며 입술을 쭉 내밀고 있는 모습 같아 붙인 이름이다.
달콤하고 부드러운 맛의 소스와 롤이 더욱 이름과 잘 어울린다.

주재료 ● 밥 120g ● 김 1/2장 ● 게맛살 1.5개 ● 오이 30g ● 아보카도 3쪽 ● 크림치즈 20g
양념소스류 ● 요거네즈(p.322 참조) 2tsp ● 스위트칠리소스 1Tbs
토핑 ● 초밥용 새우 (4L size) 6마리 ● 실파찹(chop) ● 날치알 ● 깨

01 김발에 랩을 감아 준비한다.
02 김을 반으로 자른다.
03 초밥용 새우 6마리의 꼬리를 잘라 준비하고,
   아보카도는 세로로 길게 반을 자르고 껍질과 씨를 제거해 3~4mm 두께로 얇게 3쪽을 썬다.
   크림치즈는 0.5cm 두께로 스틱으로 자르고, 오이는 채 썰고, 게맛살은 길게 결대로 찢는다.
04 도마 위에 김을 올린다. 초밥을 얇게 깔고 뒤집는다.
05 김의 중앙에 오이, 아보카도, 게맛살, 크림치즈를 넣고 말아준다.
06 롤 위에 새우를 한 마리씩 비스듬하게 올려서 랩으로 덮고 김발로 누른다.
07 롤을 8쪽으로 자르고 요거네즈와 스위트칠리소스를 뿌린 다음 실파, 날치알, 깨를 뿌린다.

알래스카 롤(C style)

훈제연어를 토치로 굽고 그 위에 눈이 내린 것처럼 파마산치즈를 뿌린 롤이다. 구운 훈제연어의 스모크향과 깊은 맛의 치즈가 입을 즐겁게 한다.

주재료 ● 김 1/2장 ● 초밥 120g ● 아보카도 3쪽 ● 오이 30g ● 게맛살 1개 ● 크림치즈 25g
양념소스류 ● 데리야키소스(p.315 참조) 25ml ● 요거네즈(p.322 참조) 20ml
토핑 ● 훈제연어 80g ● 파마산치즈 1Tbs ● 날치알 2tsp ● 실파 1뿌리

01 김발을 랩으로 감는다.
02 김을 반으로 자른다.
03 아보카도는 세로로 반을 쪼개고 껍질과 씨를 제거한 다음 3~4mm 두께로 얇게 자른다. 게맛살은 결 방향으로 가늘게 쪼개고, 오이는 채 썰며, 크림치즈는 0.5cm 두께의 스틱으로 재단한다.
04 훈제연어는 두께 3mm, 3cm×8cm크기로 5장을 준비한다.
05 도마 위에 김을 올린 다음 초밥을 얇게 깔고 뒤집는다.
06 김의 중앙에 게맛살, 오이, 아보카도, 크림치즈를 놓고 말아준다.
07 쿠킹호일에 요고네즈를 지그재그로 뿌리고 롤을 8쪽으로 잘라 쿠킹호일 위에 눕혀놓는다.
08 롤 위에 훈제연어를 비스듬하게 올려 롤의 윗부분을 덮는다.
09 부탄가스 토치에 불을 붙이고 훈제연어의 표면을 굽는다.
10 구운 롤을 접시에 옮겨 담고 데리야키소스를 뿌린 다음 날치알과 다진 실파를 뿌린다.

소프트셸 롤(B style)

부드러운 게맛살을 매콤한 스리라차칠리소스에 버무려 토핑했다. 아삭아삭 씹히는 크런치와 매콤한 게맛살이 잘 조화된 롤.

주재료 ● 밥 120g ● 김 1/2장 ● 크런치 30g ● 오이 30g ● 무순 1/4팩
양념소스류 ● 요거네즈(p.322 참조) 1tsp ● 스리라차칠리소스 1.5tsp ● 게맛살 2개 ● 날치알 2tsp
　　　　　 ● 데리야키소스(p.315 참조) 2tsp
토핑 ● 실파 1뿌리

01 김발을 랩으로 감는다.
02 김은 1/2로 자른다.
03 오이는 채 썰고, 게맛살은 결대로 잘게 찢는다. 실파는 다진다.
04 오목한 그릇(밥공기)에 요거네즈와 스리라차칠리소스를 넣고 섞은 다음
　　잘게 찢은 게맛살과 날치알을 넣어 젓가락으로 잘 비빈다.
05 도마 위에 김발을 놓고 김 1/2장을 올린 다음 초밥을 얇게 깔고 뒤집는다.
06 김의 중앙에 오이, 무순, 크런치를 넣고 말아 롤을 만든다.
07 4번의 소스에 비빈 게맛살을 롤 위에 올리고 랩으로 덮은 다음 김발로 살살 눌러 모양을 잡는다.
08 롤을 8쪽으로 자르고 랩을 벗겨 접시에 담는다.
09 데리야키소스를 뿌리고 실파를 뿌려 가니시 한다.

블루마운틴 롤(C style)

구운 게살과 그 위에 뿌려진 파마산치즈가 만년설을 떠올리게 하고, 블루베리를 롤의 윗부분에 토핑해 지어진 이름이다. 상큼한 블루베리와 고소한 파마산치즈가 잘 어울리는 롤이다.

주재료 • 김 1/2장 • 초밥 120g • 아보카도 3쪽 • 오이 30g • 게맛살 1개 • 크림치즈 25g
양념소스류 • 치즈마요네즈(tip 참조) 35ml • 요거네즈(p.322 참조) 20ml
토핑 • 대게살 40g • 블루베리 8개 • 날치알 2tsp • 실파 1뿌리 • 파마산치즈 2tsp

01 김발을 랩으로 감는다.
02 김은 1/2로 자른다.
03 아보카도는 세로로 반을 쪼개고 껍질과 씨를 제거한 다음 3~4mm 두께로 얇게 자른다.
　 게맛살은 결 방향으로 가늘게 쪼개고, 오이는 채 썰며, 크림치즈는 0.5cm 두께의 스틱으로 재단한다.
04 대게살은 냉장고에서 해동한다.
05 도마 위에 김을 올린 다음 초밥을 얇게 깔고 뒤집는다.
06 김의 중앙에 게맛살, 오이, 아보카도를 놓고 말아준다.
07 쿠킹호일에 요거네즈를 지그재그로 뿌리고 롤을 8쪽으로 잘라 쿠킹호일 위에 눕혀놓는다.
08 롤 위에 게살을 올리고 치즈마요네즈를 올린다.
09 200도로 예열된 오븐에 3~4분 동안 굽는다.
10 구운 롤을 접시에 옮겨 담고 날치알과 다진 실파를 뿌린 다음 블루베리를 한 알씩 올린다. 마지막으로 파마산치즈를 뿌린다.

tip 치즈마요네즈 만들기
　　마요네즈 50g, 파마산치즈가루 1.5Tbs, 설탕 1.5Tbs을 믹싱볼에 넣고 설탕이 녹을 때까지 잘 섞는다. (냉장보관 3개월 가능)

골든벨 롤(C style)

관자살 위에 뿌린 모차렐라치즈와 노란 체다치즈가 고급스러운 맛을 느끼게 하는 롤이다. 예쁜 모양이 눈과 혀를 동시에 만족시킨다.

주재료 ● 김 1/2장 ● 초밥 120g ● 아보카도 3쪽 ● 오이 30g ● 게맛살 1개 ● 관자 2개
양념소스류 ● 요거네즈(p.322 참조) 20ml
토핑 ● 슬라이스체다치즈 1장 ● 모차렐라(피자)치즈 30g ● 실파 ● 날치알 1Tbs ● 크레송 15g

01 김발을 랩으로 감는다.
02 김을 1/2 크기로 자른다.
03 아보카도는 세로로 반을 쪼개고 껍질과 씨를 제거한 다음 3~4mm 두께로 얇게 자른다.
   게맛살은 결 방향으로 가늘게 쪼개고, 오이는 채 썬다.
04 관자는 내장을 제거하고 깨끗하게 씻어서 5mm 두께로 썰어 8쪽을 만든다.
   슬라이스체다치즈 1장은 8등분 한다.
05 도마 위에 김을 올린 다음 초밥을 얇게 깔고 뒤집는다.
06 김의 중앙에 게맛살, 오이, 아보카도를 놓고 말아준다.
07 쿠킹호일에 요거네즈를 지그재그로 뿌리고 롤을 8쪽으로 잘라
   쿠킹호일 위에 눕혀 놓는다.
08 롤 위에 관자를 한 쪽씩 올리고 체다치즈와 피자치즈를 올린다.
09 200도로 예열된 오븐에 3~4분 동안 굽는다.
10 구운 롤을 접시에 옮겨 담고 날치알과 다진 실파를 뿌린다.
11 접시의 중앙에 크레송을 놓는다.

복어의 독

복어의 간장과 내장에는 독이 들어 있다. 무색 무취 무미의 이 강력한 독소는 일본의 다하라이에 의해 테트로도톡신이라고 이름 붙여졌다. 복어의 독은 계절에 따라 강도의 차이가 있는데, 특히 산란기에 가장 위험하다. 그런데 아이러니한 것은 그 맛 또한 산란 직전이 최상이라는 것이다. 물론 동일 어군, 동일 어족이라 해도 객체 간 독성의 강도는 다르다. 그래서 사람을 홀린다고 한다. 맹독을 가진 복어 한 마리는 청산가리보다 3,000배나 강한 독성으로, 보통 성인 33명을 사망에 이르게 할 수 있다고 알려져 있다. 또 끓인다고 해서 파괴되지 않으며, 중독되면 몸이 마비되고 결국에는 심장까지 마비되어 죽음에 이른다.

아침에 4.5킬로그램짜리 참복 한 마리가 들어왔다. 복어의 머리를 왼손으로 누르고 솔을 이용해 표면의 점액을 깨끗하게 씻어 도마 위에 올렸다. 성이 나서 배를 잔뜩 부풀린 복어는 횟감으로 사용될 녀석인데 아직 숨이 붙어 있다. 주둥이와 지느러미를 자르고 껍질을 벗긴 다음 눈알을 제거한다. 눈에도 다량의 독이 있기 때문에 독이 들어 있는 내장과 함께 비닐에 싸서 버려야 한다. 그 다음에는 눕혀서 아가미 양쪽으로 칼집을 넣는다. 칼로 머리뼈를 누른 채 왼손의 엄지와 검지로 아가미 양쪽을 잡고 당기면 내장이 통째로 깔끔하게 제거된다.

언제 왔는지 과장이 내 옆에서 복어 다듬는 것을 지켜보고 있었다. 그는 직원의 실수를 용납하지 못하기로 유명한 사람이다. 난 평소처럼 쓸개를 깨끗하게 떼어낸 후 그에게 건넸다.

"과장님, 책에는 쓸개도 드시면 안 된다고 씌어 있습니다."

하지만 그는 밤톨만 한 크기의 복어 쓸개를 입에 넣고 청주 한 모금과 함께 꿀꺽 삼켰다.

"너희들도 내 나이 되면 알게 될 거야. 정력에 좋다는데 뭔들 못 먹겠냐?"

밤톨만 한 생선 쓸개 먹고 좋아하는 모습을 보니 씁쓸했다. 빠른 손놀림으로 도마 위를 정리하고 식사를 하기 위해 주방을 나서니, 과장이 엘리베이터 옆 벽에 기대어 있었다. 우리가 말을 걸어도 대답을 하지 않아서, 기분이 안 좋아졌나보다고 생각하고 엘리베이터에 올라탔다. 지하식당에 도착한 엘리베이터가 멈추고 문이 열렸다. 우리 뒤를 따라 내린 과장은 천천히 라커룸 쪽으로 갔다. 뭔가 이상하다는 생각이 들어 선배와 함께 식당 반대편에 있는 라커룸으로 갔다. 그는 천천히 옷을 갈아입다가 우리를 보고 "나…… 중……독……. 혀……가……마……비……."라고 힘겹게 말했다. 이미 온몸에 복어 독이 퍼져 혼자 힘으로 서는 것조차 힘든 상황이었다. 선배는 나를 보며 화를 냈다.

"인마! 네가 복 잡았지? 어떻게 잡은 거야?"

주방에서는 이 일이 밖으로 새나가지 않도록 입단속을 하라는 주방장의 명령과 함께 정신무장 교육이 있었다. 복을 다듬은 당사자인 나는 누구보다 걱정스러웠다.

나는 과장을 등에 업고 선배와 호텔 입구로 뛰어가 택시를 탔다.

"아저씨, 제일 가까운 종합병원으로 가주세요. 빨리요. 사람 죽어요!"

택시는 쏜살같이 달려 근처 병원에 도착했고 응급실에서 해독제를 맞은 뒤 겨우 상황이 수습됐다. 우리는 입원시켜달라고 요구했지만 젊은 의사는 집으로 데려가서 '푹' 주무시게 하라고만 했다. 하지만 조리전문서적에서는 복어의 독에 중독되면 자신이 중독된 사실도 모르게 마비가 진행되어 죽는 경우가 대부분이라며 일단 중독이 되면 절대 잠들면 안 된다고 씌어 있다. 우리는 재차 확인했지만 해독제를 투여했으니 안심해도 좋다는 대답뿐이었다. 우리는 궁여지책으로 미나리를 한 보따리 사서 부인에게 드렸다.

"사모님, 미나리가 복어 독을 해독하는 데 제일 좋아요."

그리고 가능하면 잠들지 못하게 하라고 당부했다.

주방에서는 이 일이 밖으로 새나가지 않도록 입단속을 하라는 주방장의 명령과 함께 정신무장 교육이 있었다. 복을 다듬은 당사자인 나는 누구보다 걱정스러웠다.

과장은 삼일 만에 출근했다. 만 이틀을 잠에 취해 깨어나지 못하다가, 결국 병원에 실려가 해독 치료를 한 차례 더 받고서야 깨어났다고 했다. 그런데 괴팍한 성격으로 평소 우리를 두려움에 떨게 했던 과장이 무슨 일인지 며칠간 입에 웃음을 달고 다녔다. 우리는 "우리가 생명의 은인인데 앞으로는 고마워해야지."라며 과장의 변한 모습을 두고 쑥덕거렸다.

나중에 알고 보니, 사건 이후 며칠간의 웃음은 복어의 독이 완전하게 제거되지 않았기 때문이었다고 한다. 그는 마치 '구름 위를 걷는 기분'이었다고 당시를 회상했다. 물론 일주일 뒤에는 본연의 모습으로 돌아왔지만 말이다.

MSG(화학조미료)

흔히 삼백(三白)이라고 불리는 설탕, 소금, MSG는 만병의 근원이라고 한다. 설탕과 소금은 자연 상태로 존재하는 것이고 몸에 이로운 여러 가지 성분을 가지고 있다. 또 그 자체로 혀를 즐겁게 하는 능력을 가지고 있는 놀라운 존재다. 비만과 동맥경화 같은 질병을 일으킨다고 하지만 그것은 어디까지나 '양'의 문제다. 몸에 좋다는 약물도 지나치게 섭취하면 해롭듯이 설탕과 소금도 마찬가지다.

문제는 MSG다. 지금까지 MSG의 유해성에 대한 여러 가지 논쟁이 있었지만 똑 부러지는 결론이 없었다. 시민단체에서는 MSG가 인체에 매우 유해하다고 주장하는 반면, 생산회사는 무해한 식품이라고 맞서고 있다. 나까지 이 논쟁에 휩싸이고 싶은 생각은 없지만, 한 가지 분명한 것은 이미 우리 입맛이 MSG에 적응되어 있다는 점이다.

화학적으로 제조된 글루타민산나트륨은 제2차 세계대전을 거치면서 가난에 시달리던 일본, 한국, 중국, 동남아시아의 음식 문화를 순식간에 장악했다. 글루타민산나트륨은 그 자체는 무색무취지만 음식 안에서는 화학적 반응을 일으키는 일종의 첨가물이다. 이 자그마한 첨가물이 동아시아의 오랜 음식 체계에 일대 혁명을 일으켰던 것이다. 많은 사람이 식사 대용으로 먹고 있는 라면에 자극적인 맛을 심어주었고 특히 중국 음식에는 대량으로 첨가되었다. 값싼 재료로 맛을 내야 하는 대중식당들이 경쟁에서 살아남기 위해서는 어쩔 수 없는 노릇이었을지도 모르겠다.

많은 사람이 MSG를 넣은 음식은 맛이 느끼해서 바로 알 수 있다고 한다. 그런데 과연 MSG를 넣으면 맛이 느끼해질까? 이 논리대로라면 중국 음식인 자장면은 MSG를 많이 넣어서 느끼하고 일본 음식인 매운탕이나 지리, 베트남의 쌀국수는 MSG를 넣지 않아서 개운한 것일까?

매운탕을 요리할 경우를 생각해보자. 매운탕에 생선, 조개, 콩나물, 대파 등 열 가지 정도의 재료와 다진 양념을 넣고 끓이면 열 가지 재료의 맛을 느낄 수 있다. 그런데 만약 여기에 MSG를 넣게 되면, 열 가지 재료가 가진 고유의 맛이 하나로 통일되어 버린다. 그래서 질이 떨어지는 값싼 재료를 사용할 때

MSG를 넣으면 맛이 통일되어 나쁜 재료의 맛이 보완되는 것이다. 바꿔 말하면 좋은 재료를 요리할 때 MSG를 넣으면 재료의 특성이 둔화되어 고유의 깊은 맛을 음미할 수가 없다는 뜻이다.

  이런 사실을 알고 난 후부터 나는 MSG에 의존하는 대신 좋은 재료를 사용하기 위해 노력했고, 주재료의 맛보다 튀지 않는 부재료를 사용하거나 주재료의 맛을 보완해주는 소스를 만들기 위해 노력했다. 다년간 요리를 만들며 음식은 우리 삶의 가장 중요한 요소의 하나고 행복을 전달해주는 특별한 경험이어야 한다는 깨달음을 얻었기 때문이다.

나도 한때 MSG를 사용하던 시절이 있었다. 하지만 어느 순간 왜 요리에 MSG를 넣는지에 대해서 의문을 가지게 되었고, MSG가 어떻게 맛의 상승작용을 일으키는지 궁금해졌다. 그래서 실험을 통해 연구를 시작했고 나름대로 그 해답을 찾았다.

자존심에 상처 받다

1997년 5월, 내가 근무하던 레스토랑이 모 신문에 소개되었다. 주말판에 나오는 맛집 코너에 지면의 3분의 2 정도의 크기로 다루어졌는데, 맛, 분위기, 가격, 서비스 네 가지 항목 중에서 '맛' 부분에서 별 다섯 개를 받았다. 지금은 신문이나 텔레비전, 인터넷 등 매스컴에 소개되지 않은 식당이 더 보기 힘들 정도지만 당시로서는 매우 드문 일이었다.

테헤란로에 위치한 우리 레스토랑은 직장인이 주요 고객이라 주말에는 손님이 평일의 반밖에 되지 않았다. 그래서 토요일과 일요일을 반씩 나눠서 돌아가며 쉴 수 있었다.

마침 토요일 근무를 하게 된 나는, 우리 레스토랑이 신문에 소개된 줄도 모르고 평소처럼 점심 손님을 맞을 준비를 하고 있었다. 그런데 사장이 출근하면서 테이블 위에 신문을 내려놓고 물었다.

"오늘 아침에 기사 나온 거 봤나?"

"아니오. 아직 못 봤습니다."

"아주 잘 나왔어. 한번 읽어봐."

우리는 곧 불어 닥칠 폭풍을 예상하지 못하고 평소와 다름없는 하루를 시작했다. 열한시 반, 영업 준비를 마치고 주방에서 커피를 마시고 있는데 갑자기 홀 직원이 헐레벌떡 뛰어들어왔다.

"부장님! 준비하세요. 손님이 장난이 아니에요."

호들갑을 떠는 홀 근무자의 말을 듣고 밖으로 나가보았더니, 정말 식당 안에 벌써 손님이 꽉 차 있었다. 잠시 결혼식 피로연에 몰려온 하례객들이 아닌지 착각이 들 정도였다.

예상하지 못한 상황에 나는 조금 당황했다. 레스토랑에서 내가 주로 맡고 있는 파트는 익힌 음식이지만, 주문을 보고 음식의 속도를 조절하는 것도 내가 해야 할 몫이었다. 정신을 똑바로 차려야겠다는 생각이 들었다.

실장이 "유부장! 광어하고 도미 더 잡아줘!" 하고 다급하게 외쳤다. 나는 서둘러 생선을 꺼내 다듬기 시작했다. 그 순간에도 포스 프린터는 주문 전표를 계속 토해냈다. 여덟 개의 방, 여섯 개의 홀, 열두 개의 다찌에서 한꺼번에 주문이 밀려 들어왔다. 생선을 동료에게 맡기고 요리를 시작했다. 기분 좋게 밀려드는 주문을 빠르게 해치우면서 나는 짜릿함과 긴장감에 휩싸였다. 마치 엔도르핀이 솟구치는 듯한 느낌이었다.

"매실 정식 둘! 국실 정식 여섯! 난실 초밥 넷!"

"미실 다음 코스, 금실 디저트 주세요!"

요리는 주문 속도에 흐름을 타야 한다. 코스에서 요리 하나를 내주고 다음 코스를 준비하고 또 다른 요리를 만들어야 한다. 다음 코스를 바로 준비하지 못하면 속도를 놓친다.

오늘처럼 많은 주문이 한꺼번에 밀려들면 각 테이블마다 최대한 빨리 음식을 내놓을 수 있도록 시간표를 짜야 하는데 그럴 때면 마치 아이큐테스트를 받는 기분이다.

순식간에 한 시간이 지나가버리고 오후 한시가 되었다. 밀려드는 주문의 속도를 겨우 따라가고 있는데, 전화를 받은 동료들이 휴무를 반납하고 주방으로 들어섰다. 든든한 지원병을 얻은 나는 안도의 한숨을 내쉬고 다시 요리의 속도를 높이기 시작했다. 튀김과 구이를 맡은 후배가 오자 요리의 속도는 훨씬 탄력을 받았다. 코끝에서 땀이 뚝뚝 떨어졌지만 집중력을 유지할 수 있는 한도 내에서 최대한 빨리 움직이며 몸을 놀렸다. 뚝배기를 가져오고, 재료를 담고, 불 위에 올려놓고 끓이고…… 잠시 후에 다진 양념을 넣고 석쇠의 구이를 뒤집고……. 그 와중에 후배가 말했다.

"부장님! 지금부터 내일 사용할 튀김과 구이 재료를 사용합니다."

광어와 도미를 비롯한 횟감도 동시에 바닥이 났다. 두 시간째 주방의 사투로 서서히 한계에 다다르고 있던 나의 머릿속에는 '이 속도를 따라가지 못하면 어떻게 될까?'라는 질문만이 계속 반복되었다.

그때 초밥을 만들던 선배가 들어와서 생선회를 뜨기 시작했다.

"타이밍을 놓쳤다!"

코스 요리에서 초반에 나가는 생선회에서 타이밍을 놓치면 뒤에 나가는 익힌 음식을 맡은 파트는 순식간에 혼란에 빠진다. 주문이 머리가 계산할 수 있는 한계에서 벗어나게 되고, 그때부터 홀에서 불러주는 대로 음식을 내주게 된다. 주방에서 미리 계산된 준비는 불가능하다. 우리는 세 시간 만에 주문과 속도 게임에서 졌다.

나는 홀 직원을 불러 각자 자신이 맡은 테이블에 나간 음식과 아직 나가지 않은 음식을 적어달라고 지시했다. 다시 주문의 속도를 따라잡기 위해서는 주방을 잠시 멈추더라도 이렇게 하는 편이 빠르다. 그러나 내 노력에도 불구하고 주문을 따라잡는 것을 불가능했고, 기어이 홀에서 볼멘소리가 흘러나오기 시작했다.

"부장님, 음식이 늦다고 고객들이 컴플레인을 합니다."

"매실 먼저 해주세요."

"부장님, 난실 먼저 좀 부탁드립니다. 급해요."

두시부터 네시까지 주방은 혼란에 빠져 초토화되다시피 했다. 뭔가 특단의 대책이 필요했다. 결국 우리는 출입구에 줄을 서서 기다리는 손님들에게 더 좋은 음식으로 모시겠다며 양해를 구하고 네시부터 한 시간 동안 손님을 받지 않았다. 그리고 한 시간 동안 홀을 간단하게 정리하고 주방에서는 다음 날 사용할 식재료를 주문하고 저녁에 사용할 생선을 잡았다.

다섯시, 다시 밀려드는 주문과의 게임이 시작되었다. 한 시간 이상 밖에서 기다린 배고픈 손님들의 식사 속도는 예상보다 더 빨랐다. 나는 머리의 한계를 넘나들며 주문 속도를 놓치지 않기 위해 빠른 몸짓으로 음식을 만들었다. 그런데 일곱시가 되자 또다시 주문이 엉키기 시작했다. 밖에서는 쉴 새 없이 '빨리빨리'를 재촉하는 홀 직원들의 목소리가 들리고 주방에서는 어찌할 바를 모르고 우왕좌왕했다. 순간 바보가 된 듯 머리가 멍해졌다.

한계였다. 그때 어느 손님이 주방 앞을 지나치며 불만을 토해냈다.

"맛있으면 뭐 해! 배고파 죽겠는데!"

그 소리에 퍼뜩 정신을 차리고 다시 칼을 잡았다. 그러나 요리를 만들면서도 그 말이 뇌리에 박혀 사라지지 않았다.

밤 아홉시가 되자 재료가 모두 바닥나 손님을 더이상 받을 수 없게 되었다. 어쩔 수 없이 문 밖에서 기다리던 30여 명의 손님을 모두 돌려보냈다. 그때까지 저녁도 먹지 못한 우리는 겨우 한숨을 돌리고 라면을 끓여 먹을 수 있었다.

다음 날 나는 평소보다 훨씬 일찍 출근을 했다. 전날 들었던 손님의 항의가 계속 귓가에 맴돌아서 잠을 이룰 수 없었다. 나는 특단의 조치를 취하기로 마음먹고 지하 창고에서 큰 소스냄비를 가져왔다. 냄비 안에 무, 대파, 콩나물, 다진 양념을 넣고 매운탕 50인분을 끓였다. 생선은 자르고 나서 굽지 않고, 통으로 구워서 잘랐다. 매운탕이 절반 정도 판매되면 다시 50인분을 한 통에 끓여 뚝배기에 나눴다. 물론 초밥도 미리 지었다. 50인분 정도 쟁반에 미리 만들어놓고 주문이 들어오면 접시에 담아 내갔다.

토요일보다 주문량은 훨씬 많았지만 다행히도 주문을 놓치는 일은 없었다. 출근부터 퇴근까지 18시

서커스 무대 같았던 한 달이 지나자, 우리 음식에 실망한 손님이 발길을 끊기 시작했다. 우리는 고객에게 최선을 다하지 못하고 엉터리 음식을 제공했다는 자책감에 시달렸다. 자존심에도 큰 상처를 받았음은 물론이다.

간의 전쟁은 이로써 우리의 승리로 끝이 났다. 이틀 동안의 혈투로 완전히 지쳤지만 우리는 다시 정신을 가다듬고 월요일에 사용할 재료를 준비한 후 각자의 집으로 돌아갔다. 그런데 문제는 다른 곳에서 발생했다. 특단의 조치로 다시 속도를 놓치는 일은 발생하지 않았지만 그 결과 음식의 질이 현저히 떨어지고 만 것이다.

하루는 주방에서 음식 재료를 손질하던 선배가 나에게 말했다.

"아, 초밥이 초밥이 아니야. 이런 초밥 먹으면 다시는 안 올 텐데 어쩌지?"

나도 같은 생각이었다.

"제 생각도 그래요. 이건 수용소에서 배식 주는 것도 아니고……."

우리는 하루 18시간의 노동량에 지칠 만큼 지쳐 준비 작업을 정성껏 하지 못했다. 솔직한 심정으로 쥐구멍이 있으면 숨고 싶을 정도였다.

나는 체력이 바닥난 직원을 대표해 사장에게 주방 인원 채용을 건의했지만 곧 필요 없게 되었다. 서커스 무대 같았던 한 달이 지나자, 우리 음식에 실망한 손님이 발길을 끊기 시작했기 때문이다. 우리는 고객에게 최선을 다하지 못하고 엉터리 음식을 제공했다는 자책감에 시달렸다. 자존심에도 큰 상처를 받았음은 물론이다.

지금까지도 이 무렵의 일은 내게 조리사로서 가장 큰 회의를 불러온 사건으로 기억에 남아 있다.

PART 7 면

나가사키의 짬뽕, 하카다식 돈코츠, 특히 한국인의 입맛에 맞는
황태를 가미한 가쓰오부시 우동 국물과 마른 표고의 향으로 만든
소바 국물, 탄탄한 면을 삶는 셰프의 특급 비법을 볼 수 있다.
만만한 면 요리를 보다 깊이 있게 만드는 방법도 소개된다.

NOODLE

돈코츠 미소라멘

'돈코츠'는 뼈가 붙은 돼지고기를 강한 불에서 볶아, 소주를 뿌려 증발시키고 뜨거운 물을 뿌려 기름을 뺀 다음 깊은 냄비에 묽은 된장국을 만들어 여러 재료를 넣어 부드럽게 끓인 가고시마의 대표적인 요리다. 돈코츠 라멘은 하카다식이 원조라 할 수 있는 데, 이는 돼지머리뼈를 끓인 육수를 말하며 동경식은 돼지뼈와 소뼈, 닭뼈를 끓인 육수를 섞어 사용한다.

주재료 ● 라멘면 120g ● 차슈(일본식 수육, p.212 차슈 덮밥 참조) 45g ● 게맛살 1개 ● 마른 미역 소량 ● 양파 소량 ● 쑥갓 소량 ● 대파 1/2뿌리 ● 마늘 1쪽 ● 숙주 30g ● 김 1/8장 ● 옥수수통조림 1Tbs

양념소스류 ● 미소라멘쯔유(p.316 참조) 40ml

육수 ● 닭발 250g ● 닭뼈 1마리 분량 ● 돼지뼈 2kg ● 물 20L ● 통후추 5g ● 무 100g ● 마늘 50g ● 양파 200g ● 생강 80g ● 대파 5뿌리 ● 계피 15g

01 육수를 끓인다.
    돼지뼈와 닭발, 닭뼈는 삶아서 물을 버리고
    지저분한 기름은 떼어 낸다.
    육수통에 물 20리터를 붓고 닭발, 닭뼈, 돼지뼈,
    통후추, 무, 마늘, 양파, 생강, 대파, 계피를 넣고
    3시간을 끓인다. 물이 줄어들면 더 보충해서
    처음 양을 유지한다.
02 차슈는 1×3cm 크기로 얇게 썰어 준비하고,
    어묵은 1쪽만 썰어 준비한다. 대파는 채 썰고,
    양파는 링으로 썰고, 마늘은 강판에 간다.
    마른 미역은 물에 불려 다지고, 숙주는 다듬는다.
03 미소라멘쯔유 40ml를 대접에 담고, 1번의 끓는
    돈코츠 육수 450ml도 대접에 함께 담는다.
04 면은 끓는 물에 삶아 3의 대접에 담는다.
    그리고 젓가락으로 육수가 면 사이사이 들어가도록 살랑살랑 흔들어준다.
05 2번의 재료를 토핑한다.

264

돈코츠 부추라멘

돈코츠 라멘은 고소하고 깊은, 먹고 나면 뱃속이 따끈해지는 그 국물 맛이 매력이다. 그러나 우리나라 사람들 중에는 종종 느끼하다고 말하는 경우도 있어, 멸치젓과 마늘, 고춧가루로 버무린 부추를 추가했다. 이 메뉴는 충무로의 유명한 순댓국집에서 순댓국에 넣어 먹는 부추김치를 보고 아이디어를 얻었다.

주재료 ● 라멘면 120g ● 부추 40g ● 게맛살 1개 ● 마른 미역 ● 양파 소량 ● 쑥갓 소량 ● 대파 1/2뿌리 ● 마늘 1쪽 ● 숙주 30g ● 김 1/8장 ● 옥수수통조림 1Tbs ● 어묵 1개
양념소스류 ● 멸치액젓 2tsp ● 고춧가루 2tsp ● 모도간장(p.316 참조) 2tsp
육수 ● 닭발 250g ● 닭뼈 1마리 분량 ● 돼지뼈 2kg ● 물 20L ● 통후추 5g ● 무 100g ● 마늘 50g ● 양파 200g ● 생강 80g ● 대파 5뿌리 ● 계피 15g

01 육수를 끓인다.
    돼지뼈와 닭발, 닭뼈는 삶아서 물을 버리고 지저분한 기름은 떼어 낸다.
    육수통에 물 20리터를 붓고 닭발, 닭뼈, 돼지뼈, 통후추, 무, 마늘, 양파, 생강, 대파, 계피를 넣고
    3시간을 끓인다.
    물이 줄어들면 더 보충해서 처음 양을 유지한다.
02 어묵 1개를 썰어 준비한다.
    대파는 송송 썰고, 양파는 링으로 썬 다음 마늘은 강판에 간다.
    마른 미역은 물에 불려 다지고 숙주는 다듬는다.
03 믹싱볼에 부추를 4~5cm 길이로 썰어 넣고 멸치액젓과 고춧가루, 간 마늘을 넣은 다음 살짝 버무린다.
    (식초를 1/2tsp 넣어도 좋지만 부추의 숨이 죽는다.)
04 1번의 돈코츠 육수 500ml를 냄비에 넣고
    소금과 모도간장을 넣어 간을 맞춘 다음 대접에 담는다.
05 면은 끓는 물에 삶아 5의 대접에 담고, 젓가락으로 육수가 면 사이사이 들어가도록 살살 섞는다.
06 2번과 3번의 재료를 토핑하고 마늘 1개를 강판에 갈아 넣는다.

야키우동

십여 년 전부터 지금까지 나의 베스트셀러 메뉴. 지금은 볶음면이 상당히 대중화 되었지만 처음 개발할 당시에는 일본에서만 데리야키소스, 돈가스소스, 중화소스 등으로 볶은 우동이 인기가 있었다. 2001년 발달된 냉동면이 등장하면서 현재 메뉴로 완성이 되었는데, 주방에서 직접 삶아 냉장고에 보관한 면은 센 불에서 쉽게 끊어지고 탄력을 잃었기 때문이다.

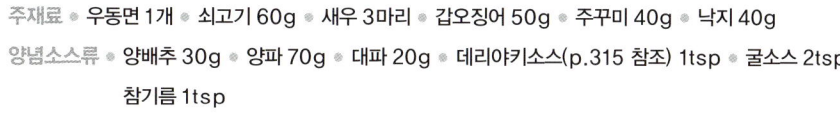

주재료 ● 우동면 1개 ● 쇠고기 60g ● 새우 3마리 ● 갑오징어 50g ● 주꾸미 40g ● 낙지 40g
양념소스류 ● 양배추 30g ● 양파 70g ● 대파 20g ● 데리야키소스(p.315 참조) 1tsp ● 굴소스 2tsp
　　　　　참기름 1tsp
가니시 ● 가쓰오부시 1/4컵 ● 다진 실파찹(chop) 소량 ● 무순 소량

01 쇠고기는 1cm×3cm 크기로 얇게 썰고, 오징어는 칼집을 넣어 1cm×3cm 크기로 썬다.
　　주꾸미는 한 마리를 3등분하고, 낙지는 3cm 길이로 자른다.
　　양배추는 1.5cm×1.5cm 크기로 자르고 양파는 1cm×3cm 크기로 자른다.
　　파는 어슷하게 썰고, 실파는 1mm 크기로 다진다. 새우는 껍질을 벗기고 등의 내장을 제거한다.
02 면을 끓는 물에 해면한다.
03 팬에 기름을 두르고 달군 후 고기, 해산물을 넣고 센 불에 볶는다.
　　(불이 약하면 물이 생겨 질퍽하게 되므로 주의한다.)
　　그리고 양배추, 양파, 파를 넣고 볶는다.
04 해면한 면을 찬물에 헹구고 소쿠리에 옮겨 담아 물기를 탁탁 털어 팬에 넣는다.
05 데리야키소스와 굴소스를 넣고 볶는다.
06 참기름을 넣고, 팬을 몇 번 굴려가며 골고루 섞는다.
07 접시에 담고 가쓰오부시, 다진 실파, 무순을 뿌린다.
tip 해면한 면은 반드시 찬물에 헹군다.
　　찬물에 헹구지 않으면 우동면의 표피에서 끈끈한 밀가루가 묻어나 요리가 지저분해진다.

고추장소스 야키우동

데리야키소스 야키우동이 출시되고 볶음짬뽕, 볶음우동이라는 메뉴가 분식 프랜차이즈를 통해 소개됐었다. 볶음우동이라는 요리는 해산물과 우동면에 다시다육수(분식에서 사용하는 조미육수)와 떡볶이 소스를 넣고 전분을 풀어 걸쭉하게 만들었다. 내가 만든 야키우동과는 완전히 다른 요리였기 때문에 분식집 볶음우동을 찾는 고객들이 가끔 있었다. 고객의 요구를 맞추기 위해 본의 아니게 만든 요리가 됐다.

주재료 ● 우동면 1개 ● 쇠고기 60g ● 새우 3마리 ● 오징어 2마리 ● 주꾸미 3마리 ● 낙지 3마리 ● 양배추 30g ● 양파 70g ● 대파 20g

양념소스류 ● 고추장소스(p.313 참조) 3Tbs ● 참기름 2Tbs

가니시 ● 가쓰오부시 1/4컵 ● 다진 실파 소량 ● 무순 소량

01 쇠고기는 1cm×3cm 크기로 얇게 썰고, 오징어는 칼집을 넣어 1cm×3cm 크기로 썬다.
   주꾸미는 한 마리를 3등분하고, 낙지는 3cm 길이로 자른다.
   양배추는 1.5cm×1.5cm 크기로 자르고 양파는 1cm×3cm 크기로 자른다.
   파는 어슷하게 썰고, 실파는 1mm 크기로 다진다.
   새우는 껍질을 벗기고 등의 내장을 제거한다.
02 면을 끓는 물에 해면한다.
03 팬에 기름을 두르고 달군 후 고기, 해산물을 넣고 센 불에 볶는다.
   (불이 약하면 물이 생겨 질퍽하게 되므로 주의한다.)
   그리고 양배추, 양파, 파를 넣고 볶는다.
04 해면한 면을 찬물에 헹구고 소쿠리에 옮겨 담아 물기를 탁탁 털어 팬에 넣는다.
05 고추장소스를 넣고 볶는다.
06 참기름을 넣고, 팬을 몇 번 굴려가며 골고루 섞는다.
07 접시에 담고 가쓰오부시, 다진 실파, 무순을 뿌린다.

tip 우동면은 냉동면을 사용한다.
직접 삶는 생면은 탄력이 떨어지기 때문에 볶음면으로 사용하기에 적당하지 않다.

우동

정통 일본식 우동국물은 진한 가쓰오부시가 우러난 맛으로, 담백하지만 우리나라 사람이 좋아하는 시원한 맛은 부족하다. 나는 황태와 국간장을 이용해 개운한 맛을 연출했는데 특히 황태 특유의 개운한 맛은 가쓰오부시와 이질감이 없어, 맛있는 우동국물을 만들 수 있었다.

주재료 ● 우동면 1개
우동육수 ● 다시마 1장 ● 가쓰오부시 1컵 ● 황태 1마리 ● 대파 3뿌리 ● 디포리 5마리 ● 무 250g
가니시 ● 김 1/4장 ● 크런치(튀김볼) 2tsp ● 시치미 1tsp ● 청경채 1줄기 ● 실파 2뿌리 ● 어묵 1쪽

01 우동육수를 준비한다.
　　물 5리터를 큰 통에 넣고 다시마 1장(15cm×50cm)과
　　황태 1마리를 씻어서 10시간 담가 둔 다음 디포리 5마리,
　　무 300g을 넣고 중불로 끓인다.
　　끓으면 다시마와 디포리는 건지고 가쓰오부시를 넣어
　　끓지 않을 정도의 약한 불로 줄여서 30분을 끓인다.
　　(이때, 부족한 물을 보충한다.)
　　시간이 지나면 완전하게 식히고 체에 거른다.
　　만약 5리터가 안 되면 물을 보충해 5리터를 맞추고,
　　진간장 75ml, 국간장 75ml, 맛술 75ml, 소금 1/3컵,
　　청주 75ml, 대파 3뿌리를 넣고 끓인 다음 불을 끈다.
02 냄비에 물을 넣고 우동면을 해동한다.
03 우동면을 찬물에 씻고 다시 끓는 물에 한 번 넣었다가 빼서
　　대접에 담는다.
04 1번의 우동육수를 500ml 붓는다.
05 김은 채 썰어 넣고 실파는 다져 넣는다. 청경채와 시치미, 크런치를 올린다.

냉우동

이 요리의 핵심은 진하고 시원한 국물과 탄력 있는 면, 푸짐한 토핑이다. 난 쯔유의 진한 간장맛과 황태를 넣어 만든 가쯔오육수(우동육수)의 시원함을 섞어 냉우동 국물을 만들었다.

주재료 ● 우동면 1개 ● 게맛살 ● 계란 ● 미역 ● 무순 ● 오이 ● 어묵
양념소스류 ● 모도간장(p.316 참조) 50ml
우동육수 ● 다시마 1장 ● 가쓰오부시 1컵 ● 황태 1마리 ● 대파 3뿌리 ● 디포리 5마리 ● 무 300g
가니시 ● 김 1/4장 ● 크런치(튀김볼) 2tsp ● 쑥갓 1개 ● 실파 2뿌리 ● 와사비 1tsp

01 모도간장을 만든다.
02 냉우동육수를 준비한다. 물 5리터를 큰 소스통에 담고
   다시마 1장(15cm×50cm)과 황태 1마리를 씻어서 10시간 담가 둔다.
   시간이 지나면 디포리 5마리와 무를 넣고 중불로 끓이고,
   끓으면 다시마와 디포리는 건지고 가쓰오부시를 넣어
   끓지 않을 정도의 약한 불로 줄여서 30분을 끓인다. (이때, 부족한 물을 보충한다.)
   완전하게 식으면 체에 거른다.
03 모도간장과 우동육수를 1:8로 섞어서 끓인다. 그리고 냉동고에 차게 보관한다.
   (모도간장 50ml, 우동육수 400ml)
04 냄비에 물을 넣고 우동면을 해동한다.
05 우동면을 찬물에 씻는다.
06 오이는 5cm 길이로 채 썰고 미역은 불려서 다진다.
   계란은 삶아서 1/2등분하고 어묵은 얇게 썰어 준비한다.
07 대접에 우동면을 넣고 6번의 오이, 미역, 계란, 어묵을 예쁘게 담고
   쑥갓과 실파, 크런치를 올린다.
08 3번의 차가운 냉우동육수 300ml를 우동 위에 붓고 김을 채 썰어 올린 다음 와사비를 곁들인다.

나가사키 짬뽕

포르투갈의 카스텔라, 중국의 짬뽕, 네덜란드의 치즈까지 나가사키는 일본에서 가장 유명한 항구도시로 서양문화를 가장 먼저 받아들인 곳 가운데 하나다. 나가사키의 매력은 바로 이 이국적인 문화가 일본과 섞여들어 오히려 더 일본의 색채를 강하게 내뿜는 것이다. 그중에서도 중국인이 많이 살았던 나가사키의 차이나타운 짬뽕은 멀리 외국까지 알려질 정도로 유명하다.

주재료 ● 중화면 1개 ● 돼지고기 60g ● 새우 3마리 ● 갑오징어 60g ● 주꾸미 40g ● 낙지 30g ● 홍합 2개
● 절단 꽃게 1쪽 ● 배추 30g ● 양파 70g ● 대파 20g ● 숙주 50g

양념소스류 ● 굴소스 1Tbs ● 국간장 1Tbs ● 맛술 1Tbs

육수 ● 닭발 250g ● 닭뼈 1마리 분량 ● 돼지뼈 500g ● 물 20L ● 통후추 5g ● 무 100g ● 마늘 50g ● 양파 200g
● 생강 80g ● 대파 5뿌리 ● 계피 15g

가니시 ● 다진 실파

01 육수를 끓인다. 돼지뼈와 닭발, 닭뼈는 삶아서 물을 버리고 지저분한 기름은 떼어 낸다.
육수통에 물 20리터를 붓고 닭발, 닭뼈, 돼지뼈, 통후추, 무, 마늘, 양파, 생강, 대파, 계피를 넣고
3시간을 끓인다. 물이 줄어들면 더 보충해서 처음 양을 유지한다.

02 돼지고기는 1cm×3cm 크기로 얇게 썰고, 오징어는 칼집을 넣어 1cm×3cm 크기로 썰어 준비한다.
주꾸미는 한 마리를 3등분하고 낙지는 3cm 길이로 자른다.
배추는 3cm 길이로 채 썰고, 양파는 1cm×3cm 크기로 자른다.
파는 어슷하게 썰고, 실파는 1mm 크기로 다진다.

03 면을 끓는 물에 해면해서 대접에 담는다.

04 팬에 기름을 두르고 달군 후 고기, 해산물을 넣고 센 불에 볶는다.
그리고 배추, 양파, 파를 넣고 볶으면서 굴소스를 넣는다.

05 육수를 500ml 붓고 소금, 국간장, 맛술, 굴소스를 넣는다.

06 중화면이 담긴 대접에 숙주를 올리고 실파를 뿌린다.

tip 해면한 면은 반드시 찬물에 씻고 다시 뜨거운 물에 살짝 담갔다 대접에 담는다.
찬물에 헹구지 않으면 쉽게 불기 때문이다.

소바

무더운 여름철 입맛이 없을 때 먹는 여름철 최고의 별미. 나는 아마스(단촛물)에 버무린 오이를 곁들이는데 이는 개운한 오이의 맛과 새콤한 소스의 맛이 메밀국수를 더욱 시원하게 하기 때문이다.

주재료 ● 생메밀면 120g

양념소스류 ● 모도간장(p.316 참조) 60ml ● 아마스(p.319 참조) 20ml ● 다시마 1장 ● 마른 표고버섯 3송이 ● 마른 새우 1/3컵 ● 가쓰오부시 1/2컵 ● 디포리 5마리 ● 무 200g

가니시 ● 무 50g ● 와사비 1tsp ● 김 1/8장 ● 무순 소량 ● 실파 2뿌리 ● 오이 50g

01 모도간장을 만든다.
02 소바용 다시물을 만든다.
   냄비에 물 4리터를 담고
   다시마(20cm×40cm) 1장,
   마른 표고버섯, 디포리, 무를 넣고
   12시간을 담가 놓는다.
   냄비에 불을 붙이고 끓으면
   마른새우와 가쓰오부시를 넣고
   최대한 약한 불로 줄여 30분 동안
   끓지 않을 정도로 유지하다가
   불을 끈다. 30분 뒤에 고운 체에 거른다.
03 모도간장 60ml와 다시물 450ml를 냄비에 섞고 끓인 다음 식혀서 얼린다.
04 메밀면은 끓는 물에 넣고 삶는다.
05 삶은 메밀면은 찬물에 씻는다.
   (밀가루, 전분성분이 남아 있으면 텁텁한 맛이 나기 때문에 깨끗하게 씻어야 한다.)
06 3번의 만들어 얼린 소바육수를 망치로 부수어 대접에 담는다.
07 오이는 얇게 썰어 아마스에 버무리고, 물기를 꼭 짜서 소바에 넣는다.
08 무는 강판에 갈아 헹궈서 물기를 짜고 김은 채 썬다. 실파는 1mm크기로 다진다.
   그리고 대접에 토핑한다.

데리야키소스와 소면

소면은 가장 서민적인 면으로 주로 행사가 있을 때 잔치국수로 사용되거나 포장마차에서 쉽게 접할 수 있다. 이 요리는 잘 삶아진 탱탱한 소면을 쯔유에 찍어 먹는 요리로 평소 쉽게 접하던 소면을 좀더 정갈하고 고급스럽게 즐길 수 있는 메뉴다.

주재료 ● 건소면 90g ● 무 50g ● 와사비 1tsp ● 무순 소량 ● 실파 2뿌리
양념소스류 ● 모도간장(p.316 참조) 200ml

01 모도간장을 만든다.
02 마른 소면은 끓는 물에 넣고 삶는다.
03 삶은 소면은 찬물에 씻는다.
  (밀가루, 전분 성분이 남아 있으면 텁텁한 맛이 나기 때문에 깨끗하게 씻어야 한다.)
04 소면을 잘 말아 대접에 담고 정수기물을 소면이 살짝 잠기도록 붓는다. 얼음 몇 개 띄우면 더 좋다.
05 무는 강판에 갈아 헹궈서 물기를 짜고 실파는 1mm 크기로 다진다. 그리고 작은 종지에 내주고
  와사비와 강판에 갈은 무, 무순, 실파를 작은 종지에 담아 곁들임으로 내준다.
tip 면을 삶을 때는 끓는 물에 면을 넣어 센불에 재빨리 끓인다. 물이 끓어오를 때마다
  찬물을 조금씩 넣으면 더 쫄깃한 소면이 된다.

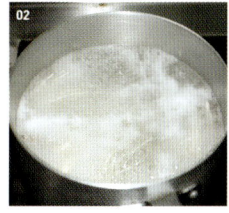  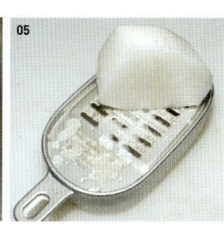

해산물 베이컨 볶음면

일본식 선술집에서 인기가 좋으며 특히 젊은층이 좋아하는 메뉴다. 면과 함께 각종 해산물과 야채, 베이컨을 오코노미야키소스로 볶아 간편하게 안주 겸 식사 대용으로 먹는다.

주재료 ● 야키소바면 1개 ● 새우 3마리 ● 오징어 3쪽 ● 주꾸미 3쪽 ● 낙지 3쪽 ● 베이컨 40g ● 양배추 30g ● 양파 50g ● 대파 25g ● 느타리 25g

양념소스류 ● 오코노미야키소스(p.322 참조) 60ml ● 요거네즈(p.322 참조) 15ml

가니시 ● 파(실파) ● 무순

01 쇠고기는 1cm×3cm 크기로 얇게 썰고,
   오징어는 칼집을 넣어 1cm×3cm 크기로 썰어 준비한다.
   주꾸미는 한 마리를 3등분하고 낙지는 3cm 길이로 자른다.
   양배추는 1.5cm×1.5cm 크기로 자르고, 양파는 1cm×3cm 크기로 자른다.
   파는 어슷하게 썰고, 실파는 1mm 크기로 다진다.
   새우는 껍질을 벗기고 등의 내장을 제거한다.
02 면을 끓는 물에 1분간 삶는다.
03 팬에 기름을 두르고 달군 후에 베이컨, 해산물, 야채 순으로 넣고 볶는다.
04 삶는 면을 건져 찬물에 헹구고 팬에 넣은 다음
   오코노미야키소스를 넣고 볶는다.
05 팬 위에서 몇 번 더 굴린 뒤 그릇에 담는다.
06 뜨거운 면 위에 지그재그로 요거네즈를 뿌리고 파, 무순을 뿌린다.

절제의 미학

청소년기에 나는 종종 '십 년만 더 일찍 태어났으면 좋았을 걸……' 하고 생각했다.

이유인즉 1960~1970년대 록음악, 그 젊음의 미학을 책이나 음반이 아닌 당대에 직접 온몸으로 느끼고 싶었기 때문이다. 나의 학창시절인 1980년대에는 테크닉 위주의 현란하고 복잡한 록이 인기를 얻었다. 복잡한 구성과 빠른 연주, 샤우팅 창법 등이 말초신경을 자극하기에 충분했고 우리는 그 매력에 빠져들었다. 조 새트리아니, 스티브 바이 같은 기타리스트는 매우 어려운 곡을 공연장에서 음반과 똑같이 연주하면서 '너희들도 한번 따라해 봐! 이렇게 어려운 곡을 누가 나만큼 연주할 수 있겠어?'라고 과시하곤 했다. 잉베이 맘스틴이나 토니 매칼파인 역시 손가락이 보이지 않을 정도의 속주를 보여줬다. 그러나 이 음악들은 1990년대가 되면서 평론가들에 의해 '거품의 음악' '정신이 없는 음악'이라고 폄하되며 점점 쇠퇴의 길을 걸었다. 대신 복고풍이 유행하며 1970년대 음악이 새롭게 인기를 얻었다.

1960년대 말부터 1970년대까지 젊은 음악가들은 암울한 사회의 제도권 속에서 외치고 싶었다. 어떠한 자유도 쉽게 허용되지 않는 틈바구니에서 이들은 사회를 향해 권력을 향해 음악으로 말했다. 그들의 음악은 때로는 진지하고 때로는 장난스럽고 때로는 우울했지만 그 음악이 주는 감동은 어느 현란한 음악보다 더 깊게 파고들었다. 이러한 감성을 지닌 1960년대 사이키델릭, 1970년대 펑크록, 레게는 모두 표현 강도 조절의 극치를 보여준다. 하고 싶은 말은 많지만 조금씩 보따리를 풀어놓는…… 그러나 그 조절된 이야기가 더 강렬하게 와 닿는 것은 '절제의 미' 때문이 아닐까?

20대 초반의 언젠가, 거제도로 휴가를 갔다가 식사당번을 맡았다. 일단 냄비에 김치와 돼지고기를 썰어 넣고 참기름을 조금 두르고 저어가면서 볶는다. 돼지고기가 적당하게 익으면 물을 붓고 보글보글 끓인다. 제대로 숙성된 김치와 돼지고기의 지방이 잘 어우러져 끓는 냄새는 침샘과 후각을 자극한다. 여기에 전날 저녁 먹다 남은 스팸을 썰어 넣고 참치통조림 한 캔과 두부 한 모, 라면을 넣었다. 그랬더니 국물이 부족해져서 물을 조금 넣었다. 그러자 이번에는 싱거워져서 소금을 조금 넣어 간을 맞췄다.

그럴싸한 김치찌개 앞에 일행 셋이 둘러앉아 우선 라면을 건져 먹고 나중에 밥에 찌개를 비벼 먹었다. 여행지에서 먹어 그런지 맛이 일품이었다. 친구들은 역시 요리사라 다르다며 나를 추켜세웠다.

그러나 이 부대찌개를 닮은 정체불명의 김치찌개는 식사가 끝날 즈음에는 외면당하고 말았다. 속이 더부룩하다며 청량음료를 찾는 친구들에게 나는 "원래 주방장이 만드는 음식은 그런 거야. 이렇게 첫

맛이 입에 '짝' 붙어야 잘 팔리는 거라고."라며 말도 안 되는 변명을 늘어놓기 바빴다.

　몇 년이 지난 후, 찌개로 유명하다는 부천의 기사식당에 가서 김치찌개와 동태찌개, 부대찌개를 시켜 먹었다. 이곳의 음식은 작은 냄비에 일인분씩 제공됐다. 돼지고기 몇 점을 썰어 넣고 멸치육수를 부어 만든 김치찌개와 무와 콩나물, 파를 넣고 끓인 개운한 동태찌개……. 우리 일행은 처음 맛을 보고는 "뭐, 그냥 가정식이네!"라며 식사를 시작했는데, 결국은 밥 두 공기도 모자라 국물 한 방울 남기지 않고 모두 먹어치우게 되었다. 나는 이 식당의 주인에게 비법을 물었다.

　"김치찌개는 김치가 맛있어야지유. 우리 집엔 당최 들어가는 게 없슈. 동태도 그렇지유. 동태는 질로 좋은 넘으로 골라 만들지유. 기냥 무하구 콩나물 넣고 정성 지대루 들여 끓이는 거유."

　나에게는 큰 충격이었다. 좋은 재료와 그 재료의 맛을 살려 요리하는 것이 가장 중요하다고 한 그의 말은 인간적이면서도 진솔했다.

　그렇다. 많은 재료를 넣으면 겉보기에는 그럴듯하지만 처음 만들고자 했던 의도와는 멀어지기 쉽다. 요리의 정체성이 반감되고 재료의 맛을 해칠 뿐 아니라 얕은맛의 저급한 음식이 되기 십상이다. 반면 주재료와 몇 가지의 보조 재료로 완성된 단순한 요리라도 적절한 타이밍과 정성이 갖춰진다면 충분히 깊이 있는 음식일 수 있다. 그런 음식은 많은 이야깃거리를 가지고 있고 그 이야기가 맛의 여운으로 하나씩 표출된다.

　나는 식사 메뉴로 비빔밥이나 부대찌개를 선택하는 경우가 거의 없다. 여러 가지 동등한 비중의 재료가 혼합되어 재료 본래의 맛을 느끼기 힘들기 때문이다. 쿠킹 클래스를 진행하다 보면 수업을 듣는 학생들이 "정말 이것밖에 안 들어가요?" 혹은 "매장에서도 그렇게 만드나요?"라고 종종 묻는다.

　우리는 혹시 텔레비전에서 소개하는 맛집들이 사용한다는 20여 가지 과일과 10여 가지 한약재를 넣고 24시간 끓인 후 일주일간 숙성시킨다는 소스에 너무 익숙해진 것이 아닐까?

　여러 재료를 넣어 복잡 미묘한 맛을 내는 요리보다는 단순하지만 절제되고 깊이 있는 요리가 더 오랫동안 남는다. 그런 요리야말로 어떤 요리보다 고급스럽고 훌륭하다.

가장 기억에 남는 고객

몇 해 전 연말 분위기가 한창 무르익어 연일 단체예약에 시달리던 때였다. 단체예약 손님을 받느라 한바탕 난리를 치른 후 태풍이 휩쓸고 지나간 것처럼 어지럽혀진 다찌(일식집에서 주방의 가장자리에 붙어 있는 바)를 정리하고 퇴근 준비를 하는데, 머리가 희끗희끗한 중년신사 한 분이 들어와 다찌에 앉았다.

"어서 오십시오!"

"음, 찌라시쑤쉬 주세요."

마치 서울올림픽에서 IOC위원장 사마란치가 서울을 '쎄울' 이라고 불렀던 것만큼 격한 발음으로 그는 다짜고짜 메뉴에도 없는 치라시스시를 내놓으라고 했다. 치라시스시는 대접이나 사각 도시락용기에 담긴 초밥에 야채와 절임, 생선회 등 각종 재료를 흩어 뿌린 초밥의 일종이다.

"죄송하지만 지금 재료가 부족해서 치라시는 힘드네요. 그리고 저희 메뉴에 없는데 괜찮으시면 니기리스시를 좀 해드릴까요?"

니기리는 일본어로 '주먹' 을 의미하고 우리가 흔히 알고 있는 초밥이다.

"음 그래요? 찌라시를 먹고 싶었는데. 그럼 니기리쑤쉬하고 오차 주세요. 미소시루는 나중에 주고."

그날 그는 간단하게 초밥 여덟 개만 먹고 자리를 떴다.

이튿날 열시가 가까운 시간, 한참 청소를 하고 있을 때 또 그가 나타났다. 어제와 마찬가지로 다짜고짜 "찌라시쑤쉬 주세요"라고 주문을 하고 다찌에 앉았다. 역시 재료가 부족해서 손님은 그전처럼 니기리스시를 먹었다.

삼일 째 되던 날, 점심시간 쏟아지는 주문에 정신없이 일하고 있을 때도 중년신사는 다시 다찌에 앉았다.

"찌라시쑤쉬 먹으러 왔어요. 오늘은 재료가 있겠죠? 바쁘신가요? 내가 좀 기다릴 수 있으니까 천천히 해줘요."

막무가내였다. 사실 나도 몇 년 만에 치라시스시를 해보고 싶기도 했다.

"네, 알겠습니다. 시간이 괜찮으시다면 들어온 주문 끝나고 해드리겠습니다."

나는 급한 주문 몇 개를 내보내고 우리 레스토랑에 세 번이나 찾아온 새로운 단골손님을 위해 요리를 시작했다. 작은 믹싱볼을 꺼내 데리야키소스에 유자폰즈와 슬라이스한 마늘 몇 쪽을 넣고 이도기리로 썬 참치와 우스즈꾸리로 썬 광어 몇 점을 넣어 10분간 재워뒀다. 장어덮밥용 사각그릇에 따끈한 초밥을 2센티미터 두께로 얇게 깔고 그 위에 채 썬 절임류와 야채를 고루 펴서 올렸다. 그리고 짜지 않게

"응, 유프로 인사하게. 내 처야." 언제부터인가 손님은 나를 '유프로'라고 불렀다. 그날은 초밥이 먹고 싶다는 부인과 함께 온 것이다. 맛있다며 초밥을 드신 손님에게 나는 준비해둔 양갱 도시락 두 개를 드렸다.

적당하게 절여진 참치와 광어를 그 위에 올렸다. 구석에는 무순과 생와사비를 조금 놓았다.

"손님, 주문하신 치라시스시 여기 있습니다. 많이 기다리셨죠?"

"아닙니다. 맛있는 요리 먹으려면 이 정도는 감수해야지."

그는 며칠 전부터 치라시스시가 먹고 싶었다고 했다. 처음에는 퇴근하면서 역삼동의 일식당에 들렀는데, 일인분에 8만 원짜리 생선회만 주문이 가능하다고 해서 내가 근무하는 레스토랑까지 왔다고 한다. 그리고 아홉시가 넘은 늦은 시간까지 저녁을 못 먹은 탓에 배가 고파서 니기리스시를 먹었는데 맛이 좋았단다. 그 다음 날도 치라시를 먹고 싶었지만 니기리도 나쁘지 않았기에 늦은 시간에 와서 먹었는데, 오늘은 기대하던 치라시를 먹게 되어 몹시 기분이 좋다고 말했다.

그 후 그 중년신사는 열흘간 매일 치라시스시를 먹었고, 그 후로도 한 달 동안 와서 스시와 다른 요리를 맛보았는데 음식을 재촉하는 경우는 전혀 없었다.

"주방장, 혹시 한국에서 요깡(양갱) 맛있게 만드는 곳이 있는가? 아, 요즘 요깡이 먹고 싶은데 그거 하는 데가 없어."

그는 이번에는 양갱을 먹고 싶다고 아쉬워하며 갔다.

'양갱! 그래, 오랜만에 양갱을 만들어보는 거야.'

나는 주방에 있던 한천을 꺼내고 옆의 한식당에 가서 팥 2킬로그램을 빌려왔다. 팥과 한천은 각각 씻어서 찬물에 불린다. 그 다음 냄비에 물을 넉넉하게 붓고 불린 팥을 끓인다. 이때 계속해서 거품을 걷어내야 한다. 팥을 눌러봐서 부드럽게 뭉개질 정도로 익으면, 양푼에 고운 체를 걸쳐놓고 물을 조금씩 뿌리면서 팥을 으깬다. 제대로 으깨지면 체에는 팥 껍질만 남고 팥 앙금은 체 밑으로 떨어지는데 팥물이 식으면서 앙금은 밑으로 가라앉고 윗물은 맑게 된다. 두 시간 정도 식혀서 맑은 윗물을 버리고 걸쭉한 팥물을 냄비에 넣고 큰 주걱으로 저으면서 약한 불에 끓인다. 이때는 냄비의 밑이 타지 않도록 주의해서 저어야 한다. 불린 한천은 잘게 썰어서 끓는 물에 넣어 순간적으로 녹여야 한다. 한천을 잘못 녹이면 양갱에서 한천 조각이 씹히게 되니 특별히 주의해야 한다. 걸쭉해진 팥물에 분량의 설탕을 넣고(여기서 물엿을 섞으면 부드러운 양갱을 만들 수 있다) 간장을 조금 넣는다. 많은 사람들이 "웬 간장?"이

라고 하겠지만 나만의 노하우다. 이 팥물을 끓이면 점점 걸쭉해져서 마치 화산이 폭발하듯 요란하게 분화구를 만드는데, 여기에 녹인 한천을 섞는다. 그리고 설탕물에 조려둔 밤이나 잣, 호두(여러 차례 끓여 떫은맛을 없애고 마지막에 설탕을 넣어 조린다) 등을 섞는다. 잠시 휴화산처럼 얌전해진 팥물이 다시 또 분화구를 만들며 요동칠 때 끓은 팥물을 수평을 맞춘 틀에 부어 식히면 양갱이 된다.

저녁까지 단단하게 굳은 양갱을 꺼내 자를 대고 길쭉하게 잘라 랩으로 포장해서 도시락 두 개에 넣었다. 그리고 손님이 오기를 기다렸다. 오늘은 안 오면 어쩌나 걱정도 됐다. 하지만 한시가 넘어 빈자리가 하나둘씩 늘어갈 때쯤 그 손님이 중년의 여성과 함께 들어와 다찌에 앉았다.

"어서 오십시오!"

"응, 유프로 인사하게. 내 처야."

언제부터인가 손님은 나를 '유프로'라고 불렀다. 그날은 초밥이 먹고 싶다는 부인과 함께 온 것이다. 맛있다며 초밥을 드신 손님에게 나는 준비해둔 양갱 도시락 두 개를 드렸다. 두 분은 놀라워하고 감격하면서 양갱 값이라며 십만 원을 꺼냈다. 나는 규정에 어긋난다며 만류했지만 그들은 양갱을 그냥 받을 수 없다며 쇼케이스 위에 올려놓고 자리를 떴다.

당혹스러웠지만 나는 돈을 집어 주머니에 넣었다. '이 돈을 어떻게 써야 할까?' 하루 종일 고민하고 생각한 끝에 최선책으로 남대문시장에 가서 조리복과 앞치마, 위생모자를 사기로 결정했다. 언젠가 손님이 위생복을 어디서 구입할 수 있냐고 물어봤던 것과 조선호텔 '스시조'에서 운영하는 스시클래스에서 수업을 받는다고 했던 것이 기억나서였다.

며칠 뒤 식사를 하러 온 손님에게 남대문에서 구입한 조리복 세트를 드렸더니 '유프로의 요리는 예술이고 유프로의 서비스는 인술'이라며 식사 중에 목소리를 높여 감격해했다. 이후로 나는 그 손님과 더 가까워졌다. 그분이 S전자의 회장님이라는 것도 알게 됐고 뉴욕에 유학중인 아들과 딸, 가족의 식성, 집도 알게 됐다.

물론 몇 년이 지난 지금도 그분은 아직 나의 가장 열렬한 '팬'으로 남아 있다.

시대를 역행하는 요리

　포장을 뜯고 물만 붓거나, 전자레인지에 데우기만 하면 먹을 수 있는 인스턴트식품이 각광받고 있다. 패스트푸드가 판치는 외식업계도 다르지 않다. 특히 80퍼센트 이상 완성되어 진공포장으로 납품된 재료를 데워서 접시에 담는 일이 전부인 대형 패밀리레스토랑은 이미 현대인의 생활 깊숙이 뿌리내린 것 같다. 편리함과 간편함, 대형자본으로 완성된 인테리어, 각종 이벤트와 마케팅으로 포장된 패밀리레스토랑의 요리는 하루가 다르게 빠른 속도로 변해가는 이 시대에 잘 어울리기도 한다. 어떤 과정을 거쳐 만들어졌는지, 어떤 재료로 만들어졌는지 알 수 없지만 말초신경을 자극하는 맛을 가지고 있기 때문이다.

　대학에서 강의를 하는 후배의 말에 따르면 요즘 조리사 지망생들은 입사 후 몇 차례의 훈련만으로도 주방에서 음식을 만들 수 있는 패밀리레스토랑을 미래의 직장으로 가장 선호한다고 한다. 아무리 시대가 변했다고 하지만 우리가 배웠던 방법으로 핸드메이드 요리를 만들고자 하는 사람이 부족한 것은 분명 아쉬운 일이다. 변화무쌍한 디지털시대라고 해도 흙이나 군더더기가 붙어 있는 재료를 씻고 다듬어 굽고 튀기고 조려서 요리를 완성하는 아날로그적인 요리는 여전히 소중하다. 시대를 역행하는 것처럼 보이는 이런 레스토랑의 셰프들이 시간과 정성을 들여 만든 완성도 있는 요리는 더욱 높은 가치를 인정받는다.

나는 여전히 반조리 상태의 재료를 데워서 담는 요리가 아닌 조리사의 정성과 시간 그리고 요리를 먹는 사람에 대한 배려가 담긴 요리야말로 인간을 위한 가장 인간적인 예술이라고 믿고 있다.

얼마 전 술자리에서 만난 오랜 친구인 셰프는 그날 자신의 업장에서 만든 요리가 마음에 들지 않아 모두 버렸다고 하면서 이렇게 이야기했다.

"오늘 준비한 재료를 모두 버리는 것을 보고 직원들이 놀란 것 같아. 분위기가 하루 종일 썰렁했어. 음식이 대충 만들어지는 걸 참을 수 없었거든."

물론 내가 혼자서 아무리 아날로그에 대한 경외심을 외쳐대든 현대인은 점점 더 패스트푸드를 선호할 것이다. 패스트푸드의 약점으로 이야기되는 조미료의 맛도 점차 기술 개발로 인해 해결될 테니, 결코 옛날의 조리법으로 회귀하지는 않을 것이다.

그러나 기술이 아무리 발전해도 절대로 저절로 풀리지 않을 문제가 있다. 그것은 요리를 대하는 조리사의 태도다. 핸드메이드는 하루 종일 열심히 만들어도 만드는 데 한계가 있다. 일일이 재료를 다듬고 손질하고 그것을 철저하게 파악해야 한다. 재료만 보는 것이 아니라 레스토랑의 상황도 고려하고 고객의 취향도 살펴야 한다. 그러고서야 비로소 요리를 제공할 수가 있다. 그러나 이런 번거롭고 불편한 상황과 조건은 요리를 접하는 조리사의 자세를 아주 진지하게 만들어준다.

나아가 이런 자세는 요리를 하는 것이 단지 배를 채우기 위한 행위가 아님을 보여준다. 나는 여전히 반조리 상태의 재료를 데워서 담는 요리가 아닌 조리사의 정성과 시간 그리고 요리를 먹는 사람에 대한 배려가 담긴 요리야말로 인간을 위한 가장 인간적인 예술이라고 믿고 있다.

PART 8 디저트

식사 후 입맛을 정리하는 디저트는 적은 양으로 강렬한 느낌을 주는 게 관건. 케이크와 음료, 아이스크림 등에 오리엔탈적인 느낌을 가미하여 어디서도 맛볼 수 없는 퓨전 디저트를 선보인다.

DESSERT

흑미 아이스크림

블랙푸드가 한참 관심이 집중됐을 때 흑임자아이스크림과 함께 개발했던 메뉴다. 흑미에 우유를 붓고 끓여 믹서에 갈았기 때문에 고소한 쌀 맛이 입안을 풍요롭게 한다.

주재료 ● 계란 흰자 10개 분량 ● 생크림 500ml ● 흑미 100g ● 설탕 180g ● 우유 600ml
양념소스류 ● 아마레토 1tsp ● 애플민트 소량

01 흑미를 씻어 한 시간 이상 물에 담가서 불린다.
02 흑미와 우유를 냄비에 넣고 끓인다.
　 끓으면 약불로 줄여 30분 정도 끓이고 설탕을 넣은 다음 10분 정도 더 끓여서 식힌다.
03 2를 믹서에 곱게 간다.
04 계란은 노른자와 흰자를 분리한다. 흰자는 10개를 휘핑해 머랭을 만든다.
05 생크림은 휘핑을 한다.
06 3, 4, 5를 리큐르와 함께 믹싱볼에 담아 고루 섞는다.
07 팬에 담아 얼린다.
08 아이스크림이 얼면 스쿱으로 퍼서 그릇에 담는다. 가니시는 애플민트나 블루베리로 한다.
tip 아마레토는 리큐르의 한 종류인데 만약 아마레토를 구하기 힘들면
　 바나나 리큐르 또는 바닐라향 리큐르를 사용해도 된다.

그린티 아이스크림

가루녹차를 계란흰자, 생크림과 섞어 만든 아이스크림으로 깊은 녹차의 맛이 잘 녹아 있는 고급 수제 아이스크림이다.

주재료 ● 계란 흰자 10개 분량 ● 생크림 500ml ● 말차 30g ● 설탕 150g ● 계란노른자 4개 분량 ● 우유 200ml
양념소스류 ● 아마레토 1tsp ● 블루베리소스(tip 참조) 적당량
가니시 ● 토르티야 1장 ● 누룽지

01 말차와 설탕, 계란노른자, 우유를 한꺼번에 믹싱볼에 넣고 설탕이 녹도록 섞는다.
02 계란은 노른자와 흰자를 분리하고 믹싱볼에 흰자 10개 분량을 넣고 휘핑해 머랭을 만든다.
03 생크림은 휘핑을 한다.
04 1과 2와 3을 리큐르와 함께 믹싱볼에 담아 고루 섞는다.
05 팬에 담아 얼린다.
06 누룽지를 190도의 기름에 재빠르게 튀긴다.
07 접시를 준비하고 스쿱으로 아이스크림을 담은 다음
　 튀긴 누룽지를 아이스크림 위에 꽂거나 아이스크림 옆에 곁들인다.
08 블루베리소스를 바닥에 뿌린다.

tip 블루베리소스 만들기
　 요거트파우더 2Tbs, 블루베리 3Tbs, 우유 3Tbs을 믹서에 곱게 간다.

아이스크림 튀김

아이스크림을 동그랗게 떠서 얇게 자른 파운드케이크로 덮은 다음 덴푸라 반죽을 묻혀 튀긴 요리로, 먹는 재미와 보는 재미가 있는 아이스크림이다.

주재료 ● 아이스크림 2스쿱 ● 파운드케이크 6cm 두께
양념소스류 ● 블루베리소스(tip 참조) 3Tbs ● 튀김가루 4Tbs ● 계란 1개
가니시 ● 무순 약 40개 전후 ● 날치알 1Tbs ● 튀긴 마늘 1/2컵

01 파운드케이크를 2mm 두께로 얇게 자른다.
02 아이스크림을 퍼서 동그랗게 만들고 썰어 놓은 파운드케이크 위에 올린다.
   파운드케이크로 아이스크림을 잘 싸고 랩으로 다시 싼다.
   이것을 냉동고에 넣어 꽁꽁 얼린다.
03 물 300ml에 계란노른자 1개를 넣고 잘 섞는다.
   믹싱볼에 계란물 80ml와 튀김가루 100ml를 섞는다.
04 2번의 얼린 아이스크림을 꺼내서 3번의 반죽에 굴린다.
05 175도로 예열된 기름에 4번의 아이스크림을 넣고 튀긴다.
   겉 표면이 단단하게 익으면 건진다.
06 튀긴 아이스크림을 반을 쪼개서 접시에 담는다. 블루베리소스를 뿌린다.

tip 블루베리소스 만들기
   요거트파우더 2Tbs, 블루베리 3Tbs, 우유 3Tbs을 믹서에 곱게 간다.

양갱

일본말로 '요우깡'으로 불리는 이 요리는 어린 시절 간식으로 많이 먹었지만, 최근에는 좀처럼 맛보기 힘든 요리다. 요즘 아이들이 팥을 싫어한다는데 팥 대신 단호박, 아보카도, 딸기양갱도 가능하다.

주재료 ● 팥 1kg ● 단호박 1kg ● 우유 500ml ● 설탕 2kg ● 한천 100g ● 생율 1kg

01 생율을 물 1리터에 설탕 300g을 넣고 끓인다.
02 팥을 깨끗하게 씻는다.
　　(팥에 돌이 섞인 경우가 있으므로 돌을 고른 후에 불린다.)
03 팥을 냄비에 넣고 2~3시간 동안 완전히 퍼지도록 삶는다.
04 바닥에 큰 그릇을 놓고 그 위에 고운 체를 걸친 다음 삶은 팥을 으깨면서 물을 흘려보낸다.
05 체에 남은 팥껍질은 버리고 바닥의 큰 그릇은 한나절 이상 보관한다.
　　그러면 팥앙금은 가라앉고 그릇 위쪽의 맑은 물은 남아있게 된다.
06 맑은 물을 버리고 밑의 팥앙금만 남겨 끓여 졸인다.
07 6번에 1번의 생율과 설탕 1kg을 넣고 더 끓인다.
08 단호박은 껍질을 벗기고 씨를 제거한 다음 찜통에 찐다.
09 믹서에 우유 500ml와 단호박 1개 분량을 함께 갈아서 설탕과 함께 끓인다.
10 한천은 물에 불린 다음 끓는 물에 넣어 녹이고 7번과 8번에 섞는다.
11 단호박물과 팥물을 각각 틀에 부어 굳힌다.
12 양갱이 굳으면 먹기 좋은 크기로 썰어 접시에 담는다.
tip 호박양갱처럼 신선한 아보카도를 우유와 함께 믹서에 갈아 연두색의 아보카도양갱을 만들 수 있고, 딸기를 우유와 함께 갈아 만들어도 좋다.

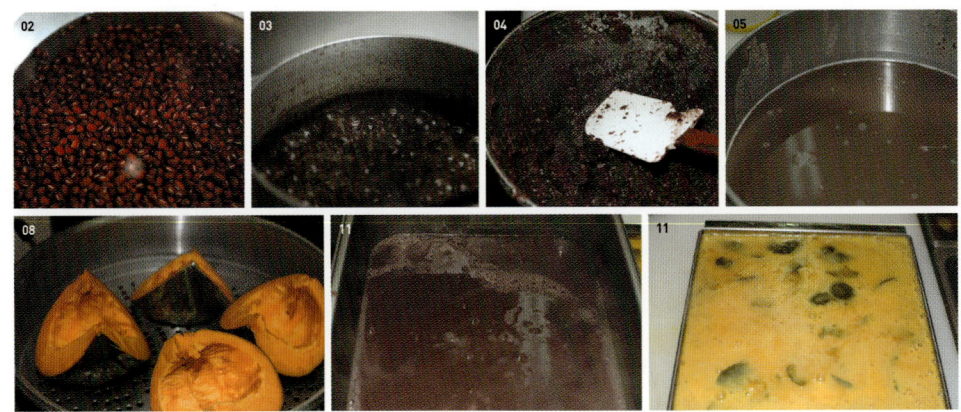

티라미수

티라미수는 이탈리아의 대표적인 치즈케이크이며 마스카포네치즈를 사용해 만든다. 티라미수의 어원은 '나를 끌어 올린다'의 의미이며, 나는 이 케이크에 요거트와 사워크림, 꿀을 넣어 느끼하지 않으면서도 상큼하고 달콤한 맛이 나도록 만들었다.

주재료 • 크림치즈(필라델피아) 250g • 마스카포네치즈 250g • 플레인요거트 200g • 사워크림 300g
• 생크림 250g • 다이제스티브 240g • 생수 90ml
양념소스류 • 꿀 120g • 설탕 50g • 아마레토 5ml • 버터 80g • 가루젤라틴 1.5봉지
가니시 • 초코파우더 2Tbs

01 비닐 두 겹으로 봉지를 만들어 다이제스티브와 버터를 넣고 곱게 부순다.
02 틀에 1을 부어 수평을 맞춘다.
03 크림치즈, 마스카포네치즈는 상온에 보관해서 부드럽게 하고
    플레인요거트, 사워크림, 생크림, 꿀, 설탕을 믹싱볼에 담고
    약한 불로 데우면서 덩어리가 없도록 으깬다.
04 생수와 가루젤라틴을 섞고 중탕해서 가루가 전혀 보이지 않을 때까지 녹인다.
05 2와 3을 섞고 아마레토를 섞는다.
06 5를 틀에 부어 굳힌다.
07 완전히 굳은 티라미수를 3cm 폭으로 재단한다.
08 7의 티라미수를 10cm×3cm 크기로 자른 다음 접시에 담는다.
09 초코파우더를 뿌린다.

블루베리 요거트

블루베리와 요거트파우더, 얼음을 믹서에 갈아 만든 음료로 상큼하고 달콤한 맛이며, 블루베리의 여운이 오래 남는 음료다.

주재료 ● **블루베리 1/2컵** ● **포도주스 50ml** ● **요거트파우더 2Tbs** ● **우유 100ml** ● **얼음 1/3컵**

01 요거트파우더와 얼음, 우유를 믹서에 갈아 잔에 담는다.
02 포도주스와 블루베리를 믹서에 갈아 1번 위에 담는다.
03 블루베리 몇 알을 위에 올린다.

홍차소다

홍차에 탄산수를 섞어 만든 음료로 시원한 얼음과 톡 쏘는 탄산의 맛, 그리고 홍차의 고급스러움까지 느낄 수 있다.

주재료 • 레몬맛 홍차 3Tbs • 설탕시럽 3Tbs • 탄산수 200ml • 라임 • 얼음 3조각

01 시럽을 끓인 다음 레몬맛 홍차를 섞고 잘 젓는다. 그리고 차게 보관한다.
02 1을 컵에 잘 붓고 그 위에 조심스럽게 탄산수를 붓는다.
03 얼음을 넣고 라임으로 모양을 낸다.

독일에서 온 손님

단골고객이 예약 전화를 걸어왔다. 저녁에 독일인 두 명을 접대해야 한다고 말이다. 그분들은 자신의 회사의 중요한 고객인데, 이미 중요한 계약을 마치고 내일 독일로 돌아갈 예정이라며 신경을 써달라고 부탁했다.

일정을 마치고 한국에서 보내는 마지막 밤이라는 점을 고려해 가볍고 상큼한 맛에 주안점을 두어 우리 레스토랑에서 판매실적이 좋은 요리로 코스를 구성했다. 준비한 요리와 잘 맞는 이탈리아산 고급 와인도 골라두었다. 여섯시가 조금 지나자 단골손님과 독일인들이 왔다. 나는 인사를 하고 주방으로 돌아와 준비한 요리를 순서대로 냈다. 식사가 끝날 무렵, 인사를 하기 위해 그들의 테이블에 갔더니 두 명의 독일인은 나를 보자마자 자리에서 일어나 음식이 맛있다며 호들갑을 떨었다.

그로부터 석 달이 지났다. 저녁 영업이 시작될 무렵, 지배인이 주방에 들어와 손님이 찾는다고 전했다. 나는 앞치마를 벗어놓고 홀로 나갔다. 삼 개월 전에 방문했던 독일인 두 명이 환한 웃음을 지으며 내 앞에 서 있었다. 그들은 전에 먹었던 요리와 같은 구성의 코스 요리를 원했다. 나는 애피타이저부터 샐러드까지 요리를 모두 만들었다. 물론 그들은 저녁을 아주 맛있게 먹었다. 그리고 이번에는 열흘 정도 서울에 묵을 예정이라 아예 숙소를 우리 레스토랑 근처에 있는 호텔로 잡았다며 지난 삼개월간 내 요리가 너무 그리웠다는 말도 잊지 않았.

그들은 다음 날에도 왔고 그 다음 날에도 왔다. 어떤 날은 하루에 두 번씩 왔다. 내 요리를 맛있게 먹어주는 데 대해서는 감사했지만 날생선을 먹지 못하는 외국인을 위해 날마다 새로운 메뉴를 고안해내는 일은 스트레스였다.

그날도 우리 스태프들은 이른 저녁을 먹고 저녁 영업 준비를 하고 있었다. 나는 늘 하던 대로 홀 스태프에게 예약 장부를 건네받고 고객의 모임 성격에 맞춰 코스 메뉴를 구성했다. 그러나 독일인 고객의 메뉴 구성은 어려웠다. 현재 주방에 있는 한정된 재료를 이용해 색다르게 만들어야 하기 때문이다. 그러는 사이 여섯시가 다가왔다. 특별한 아이디어가 없었던 나는 주방을 둘러봤다. 주방에는 직원들의 식사에 사용하는 당면이 있었다. 잡채? 퓨전요리를 하는 나는 잡채를 코스에 사용해본 적이 없지만, 독일인의 관점에서는 잡채가 퓨전이 될 듯해서 코스의 마지막 요리로 구성해 내보냈다. 마지막 요리를 내보내고 반응을 살피기 위해 그들의 테이블에 갔더니, 그들은 나에게 오늘의 국수 요리는 대체 뭐냐며 환호성을 질렀다.

그 후로 그들은 일 년에 두세 차례 한국을 방문할 때마다 내게 왔다. 그리고 나는 코스 요리에 매번

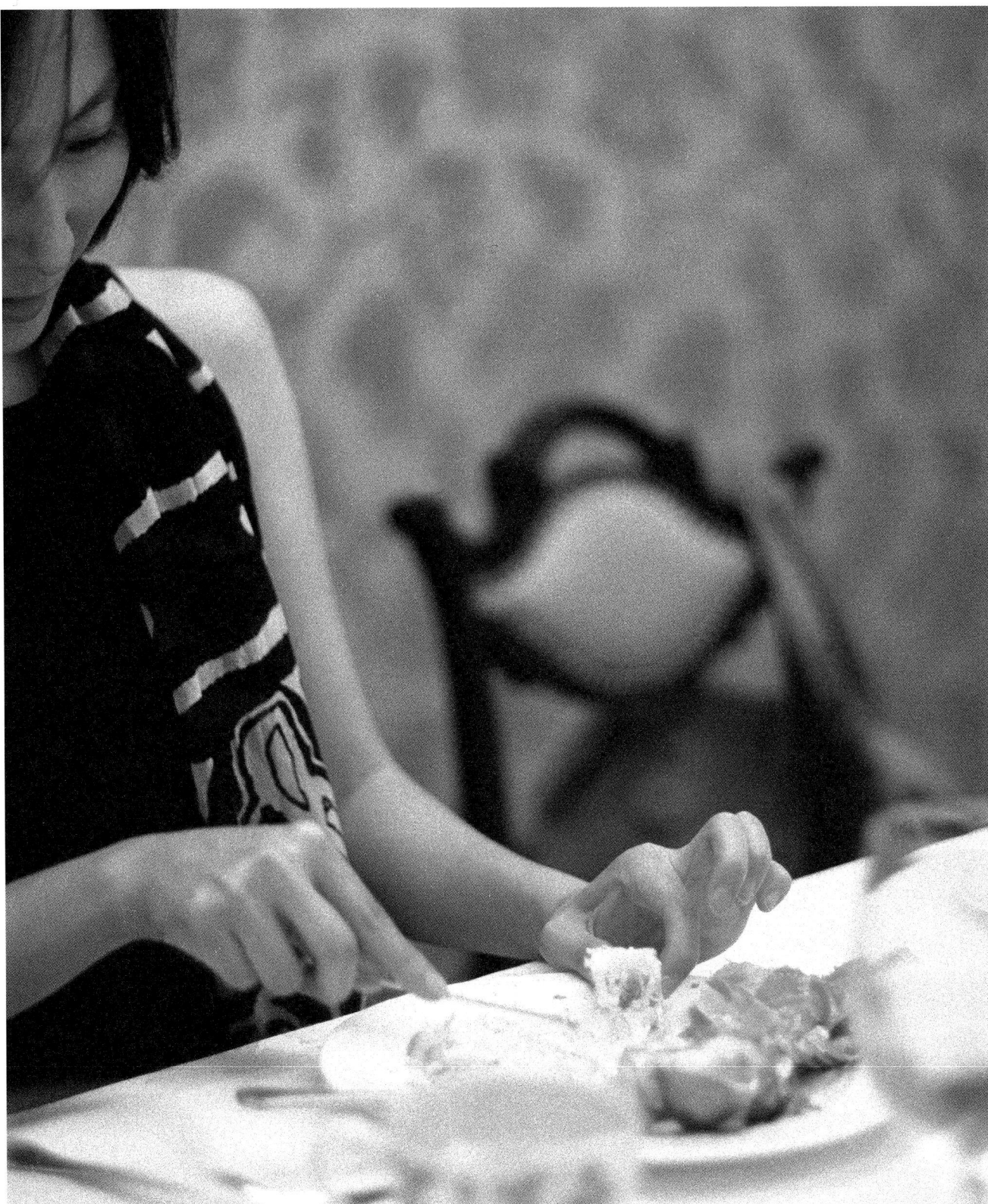

우리나라 음식을 끼워 넣었다. 애피타이저로 작은 전을 만들어 반으로 자른 다음 하얀 접시의 중앙에 겹쳐 놓고 발사믹소스를 흘리는 경우도 있었고, 물에 헹군 김치나 오렌지소스를 뿌린 구운 삼겹살을 내기도 했다. 때로는 스테이크 대신 갈비를 마치 양갈비 요리처럼, 식사는 뚝배기불고기와 간장소스로 비빈 비빔밥을 선보였다. 그리고 다른 외국인이 왔을 때도 똑같이 우리의 음식을 서양인의 코스요리에 끼워보았다. 반응은 상상 이상이었다.

외국에 나갈 때마다 안타까운 것은 베트남 요리, 태국 요리, 중국 요리, 인도 요리 등은 에스닉 푸드로 통하며 전 세계적인 트렌드로 각광받는 데 비해 우리 요리는 그 반열에 끼지 못하고 있다는 것이다.

어쩌면 한식 요리의 세계화를 위해 우리의 한식 요리 메뉴를 담아내는 방식을 바꾸는 것도 좋은 방법이 아닐까 싶다. 상다리가 부러지게 차려내는 한정식 스타일 대신 그 요리들을 하나씩하나씩 코스 요리로 내면 어떨까?

나만의 스타일로 요리하다

2002년, 가까이 지내던 교수님의 소개로 청담동의 갤러리에서 전시회 마지막을 장식하는 스탠딩 뷔페 요리를 맡은 적이 있다. 뷔페의 장소와 요리의 세팅 위치, 각각의 메뉴를 구상하기 위해 전시회 첫날 오전에 교수님과 함께 전시장에 갔다. 외국에서 초청된 작가의 전시회였는데, 작가는 기자들과의 인터뷰가 끝나자 현장에서 바로 작품을 만들었다. 그는 양손에 목탄가루를 바른 후 탁탁 털고, 다시 한 번 목탄가루를 바른 뒤 하얀 종이 위를 손으로 쓱쓱 문지르며 그림을 그리기 시작했다. 중간에 손을 씻고 다시 목탄을 발라서 진하고 흐리게 농도를 조절하면서 그림을 완성했다.

나는 옆에 있던 교수님에게 물었다.

"교수님, 저 그림을 파는 사람이나 사는 사람이나 이해가 되지 않는데요?"

"아, 그렇지 않아. 당신이 보기엔 손으로 대충 문지르는 것으로 보이겠지만 저 작가는 데생부터 시작해서 수많은 작품을 만들어보며 자기만의 표현 방법을 찾은 거야. 단순한 그림 한 장을 뛰어넘어, 저것을 그리기 위한 작가의 경험과 노하우가 축적된 작품이지. 피카소는 얼굴이 돌아가고 입이 비뚤고 눈이 옆으로 붙은 사람을 그렸지만 피카소가 처음부터 그런 그림을 그린 건 아니야. 피카소도 젊은 시절에는 세밀하기로 유명한 그림을 그렸지만 나중에는 입체적인 자기만의 표현 방식을 찾은 거야. 지금 눈앞의 그림이나 피카소의 그림이 가볍게 평가되지 않는 것은 그들의 인생철학이 그림으로 표현됐기 때문이지. 그래서 그림에 무게가 실려 있는 거고."

간혹, 새로운 요리를 개발하려면, 또는 음식을 맛있게 만들려면 어떻게 해야 하느냐는 질문을 받게 된다. 다들 의외라고 하지만 나는 이렇게 대답한다. 요리 공부는 하루에 완성되는 것이 아니며 좋은 메뉴와 맛있는 요리를 만들려면 많은 문화적 경험을 즐겨야 한다고, 취미생활도 하고 여행도 다니고 요즘 유행을 받아들일 수도 있어야 한다고 말한다.

그렇게 해서 문화 체험이 자기도 모르게 하나하나 몸에 축적되고 체화되어야 한다. 그러고 나서 다시 나를 통해 새롭게 요리로 표출되어야 한다. 그러면 요리는 자신의 분신과도 같아져서 진솔함과 진정성을 갖출 수 있다. 이것은 테크닉과는 차원이 다른 이야기다. 물론 테크닉이라는 면에서도 정성을 얼마만큼 들이냐에 따라 그 작업이 심화되고 그 작업의 달인이 될 수도 있겠지만, 지금 내가 하고자 하는 이야기는 적어도 요리를 예술적 창작 행위와 견주었을 때를 말한다.

그것이 자신만의 색(色)을 만드는 것이고 자신만의 요리를 만드는 길이다. 만약 그렇지 않다면 평생 요리를 해도 다른 사람의 레시피를 베끼는 수준에서 벗어날 수 없다.

SAUCE & BASIC

요리에 놀라운 생기를 불어 넣는
유희영표 특급 소스 52

평범한 재료를 특별한 요리로 만들어주는 환상적인 소스 모음.
요리책에 실린 요리는 물론, 비슷한 재료의 다양한 요리에도 활용이 가능합니다.
유희영 셰프가 직접 개발한 52가지의 특급 소스로 식탁에 풍성한 맛을 더하세요.

갈릭버터

버터 3Tbs, 빵가루 1Tbs, 다진 파슬리 2tsp, 마늘 3쪽, 후추 소량, 칠리파우더 소량

만드는 법
1. 버터를 상온에 보관해 말랑하게 한다.
2. 마늘은 강판에 곱게 간다. 파슬리는 줄기를 떼어내고 잎을 잘게 다진다.
3. 손질한 재료를 잘 섞은 다음 그릇에 담아 냉장고에 넣는다.

특징 빵에 바르거나 생선에 바르며 구우면 좋다.
활용 메뉴 옥도미 갈릭버터 구이
보관법 및 기간 장기간 보관할 때는 냉동시킨다. 그리고 사용하기 전에 상온에 꺼내어 두어 버터가 말랑해지게 한다.

갈릭페스토

페스토 2/3tsp, 올리브오일 1tsp, 간 마늘 1tsp

만드는 법
작은 믹싱볼에 바질페스토, 올리브오일, 간 마늘을 섞는다.

특징 고소하고 향긋한 허브향의 소스로 육류요리에 곁들임으로 적합하다.
활용 메뉴 푸아그라 샌드위치
보관법 및 기간 만들고 빠른 시일 내에 먹도록 한다. 오래되면 마늘냄새가 점점 강해진다.

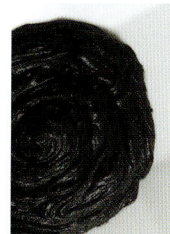

검은깨소스

땅콩버터 150g, 검은깨엑기스 150g, 진간장 2tsp, 청주 1Tbs, 우유 100ml, 설탕 2Tbs

만드는 법
재료를 모두 믹싱볼에 담고 덩어리 없이 부드러워질 때까지 거품기로 잘 섞는다.

특징 고소한 맛의 소스로 가쓰오다시물 100ml를 첨가해 샤브샤브소스로 사용해도 좋다.
활용 메뉴 소프트쉘 크랩과 검은깨소스 샐러드
보관법 및 기간 쉽게 변질되기 때문에 냉장고에 넣어두고 사용한다. 냉장상태에서 5일 사용가능하다.

고추장소스

고추장 500g, 양파 70g, 마늘 3쪽, 생강(마늘과 동량), 소주 70ml, 물엿 25g, 설탕 55g, 청주 50ml, 참기름 약간

만드는 법
1. 양파는 깍두기처럼 썰고 마늘, 생강은 얇게 저민다. 그리고 믹서에 소주와 함께 곱게 간다.
2. 고추장과 물엿, 설탕, 청주, 참기름을 모두 그릇에 담고 1과 함께 섞는다.

특징 짠맛이 거의 없는 담백한 맛의 고추장소스. 일식집에서 나오는 도미, 메로, 장어 양념구이에 사용된다.
활용 메뉴 고추장소스 양념 구이 / 고추장소스 야키우동 등
보관법 및 기간 냉장고에 보관하면 6개월 정도 장기간 보관 가능하다.

그린포크소스

올리브오일 50ml, 말차 10g, 식용목초액 50ml, 청주 1tsp, 로즈마리 2줄기, 통후추 10g, 소금 2tsp, 양파 50g, 마늘 15g, 생강 10g

만드는 법
1. 올리브오일과 말차, 식용목초액, 청주, 통후추, 소금을 미리 섞어 보관한다.
2. 로즈마리와 얇게 채 썬 양파, 얇게 저민 마늘, 강판에 간 생강을 1과 잘 섞어 삼겹살이나 목살에 마리네이드 한다.

특징 삼겹살이나 닭고기를 마리네이드할 때 잘 어울리는 소스.
활용 메뉴 그릴드 그린 포크 등
보관법 및 기간 냉장고에서 3~4일까지 보관 가능하다. 오래되면 마늘과 양파가 무르며 맛이 떨어진다.

기미스

계란노른자 10개, 삼바이스(p.318 참조) 180ml

만드는 법
계란노른자 10개와 삼바이스를 섞어 저으면서 걸쭉해질 때까지 중탕한다.

특징 야채 무침이나 샐러드에서 주재료를 보완해주는 소스로 활용한다.
활용 메뉴 연어구이와 기미스, 오징어순대와 성게알 소스
보관법 및 기간 밀폐용기에 담아 냉장고에 보관하면 열흘 정도 보관 가능하다. 사용할 때 소스가 너무 뻑뻑하게 굳어 있으면 물 또는 삼바이스를 조금 첨가해 부드러울 때까지 천천히 저으며 섞는다.

난반스

가쓰오다시물 600ml, 식초 300ml, 설탕 200g, 기꼬망간장 100ml, 태국고추 10개, 마늘 4쪽, 양파 50g, 대파 2뿌리

만드는 법
1. 물 1.5리터에 15cm 정사각형 다시마를 넣고 약불로 끓이다가, 물이 끓으면 불을 끄고 다시마를 건져낸 다음 가쓰오부시 1/2컵을 넣고 식힌다. 25분이 지나고 가쓰오부시가 바닥에 가라앉으면 맑은 윗물만 600ml를 뜬다.
2. 냄비에 가쓰오다시물, 설탕, 식초, 기꼬망간장을 모두 넣고 가열한다. 끓으면 바로 불을 끈다.
3. 대파 2뿌리는 3cm 길이로 자르고, 양파는 세로방향으로 1cm×4cm크기로 자른다. 마늘은 얇게 저민다. 대파와 양파를 석쇠에 올리고 직화로 살짝 굽는다. 구운 대파, 구운 양파, 마늘, 태국고추를 2의 소스가 식으면 담가서 하루 이상 보관해서 사용한다.

특징 튀기거나 구운 생선에 뿌려 먹거나 가볍게 재웠다가 먹는다.
활용 메뉴 소프트셸크랩 난반스케 / 전어 난반스케
보관법 및 기간 완성 후 하루 이상 숙성시켜 사용하며, 냉장보관하면 보름 이상 사용가능하다.

남쁠라

피시소스 90ml, 청주 200ml, 설탕 15g, 청양고추 100g, 마늘 20g

만드는 법
1. 피시소스와 청주, 설탕을 모두 섞는다.
2. 청양고추와 마늘은 얇게 저민다.
3. 1과 2를 섞어 하루 동안 상온에서 숙성시키고 냉장보관한다.

특징 볶음밥이나 요리에 조금씩 뿌려 먹는 동남아 풍미의 소스.
활용 메뉴 볶음밥 / 메로구이와 케일 볶음 등
보관법 및 기간 냉장보관으로 15일간 사용가능하다.

내리미소소스

백된장 400g, 맛술 200ml, 설탕 100g, 청주 100ml

만드는 법
1. 된장, 맛술, 설탕, 청주를 모두 냄비에 넣고 저어가며 끓인다.
2. 끓으면 불을 끄고 고운 체에 걸러 내린다.

특징 마요네즈와 1:1의 비율로 섞어 미소소스로 사용하기도 하며 야채, 파슬리 등 야채를 다져 섞어 구이소스로 활용한다.

활용 메뉴 내리미소소스를 곁들인 대하 구이 / 내리미소소스의 새우와 아스파라거스

보관법 및 기간 냉장고에 보관해야 하며 6개월까지 사용가능하다.

데리야키소스

진간장 1800ml, 맛술 1800ml, 청주 900ml, 설탕 600g, 물엿 600g, 대파 3뿌리, 양파 500g, 생강 150g, 마늘 150g, 당근 150g, 통후추 3Tbs

만드는 법
1. 대파는 세로방향으로 길게 반으로 자르고 양파는 납작하게 썰어 굽는다. 생강은 얇게 편으로 썬다. 당근은 1cm 두께로 어슷하게 썬다.
2. 큰 냄비에 1의 야채, 진간장, 맛술, 청주, 설탕, 물엿을 넣고 끓인다.(약불로 3~4시간 끓인다.)
3. 냄비 안에 소스의 부피가 1/2로 줄어들면 불을 끄고 식힌다. 완전히 식으면 체에 거른다.

특징 퓨전요리에서 가장 많이 사용되는 소스.

활용 메뉴 비프 소이 샐러드 / 민물장어 라이스페이퍼 롤 / 민물장어로 말은 아스파라거스 / 메로와 순무 간장 조림 / 문어 포도씨오일 유비키 / 치킨 데리야키 / 치킨 데리야키 리조토 / 빅보스 롤 / 포테이토 롤 / 스테이크 롤 / 그린 필드 롤 / 키스미 롤 / 알래스카 롤 / 소프트셀 크랩 롤

보관법 및 기간 상하는 경우가 거의 없다. 밀폐용기에 담아 상온보관한다.

돈부리다시

기꼬망간장 60ml, 몽고진간장 40ml, 설탕 40g, 미림 50ml, 청주 30ml, 가쓰오다시물 650ml, 일본백된장 2tsp

만드는 법
1. 물 1리터에 다시마 15cm×15cm를 넣고 약불로 끓인다. 끓으면 다시마를 건져내고 가쓰오부시 1컵을 넣는다. 그리고 불을 끄고 20분 뒤 가쓰오부시를 체에 걸러 가쓰오다시물을 만든다.
2. 가쓰오다시물, 기꼬망간장, 몽고진간장, 일본백된장, 설탕, 미림, 청주를 모두 섞어 끓인다.

특징 일본식 덮밥에 사용하는 소스.

활용 메뉴 자연송이 덮밥 / 돈가스 덮밥 등

보관법 및 기간 냉장고에 보관하면 3~4일간 보관 가능하며 된장이 밑에 가라앉기 때문에 잘 저어서 사용한다.

레몬크림소스

마요네즈 100ml, 레몬주스 40ml, 생크림 100ml

만드는 법
1. 믹싱볼에 마요네즈와 레몬주스를 섞는다.
2. 생크림을 따로 휘핑하여 1과 섞는다.

특징 부드럽고 상큼한 맛의 크림소스로 튀긴 해산물에 버무리면 잘 어울린다.

활용 메뉴 포트와인소스의 스위트 크랩 / 크림 쉬림프 등

보관법 및 기간 3일 동안 냉장보관 가능하며 크림은 위에 뜨고 레몬주스는 밑에 가라앉기 때문에 잘 섞어서 사용한다.

만다린커리소스

카레분 40g, 코코넛크림 40ml, 치킨스톡 70ml, 굴소스 1tsp, 생크림 50ml, 감귤통조림 100g, 설탕 1tsp, 맛술 1tsp

만드는 법
1. 감귤통조림과 설탕을 믹서에 곱게 간다.
2. 믹싱볼에 1의 감귤과 카레분, 코코넛크림, 치킨스톡, 굴소스, 생크림, 맛술을 넣고 섞는다.

특징 닭고기나 생선을 커리향이 나도록 마리네이드 할 때 사용한다.

활용 메뉴 만다린치킨

보관법 및 기간 냉장보관해야 하며 3~4일 안에 소비하는 것이 좋다.

모도간장

간장 360ml, 맛술 150ml, 설탕 150g, 다시마 1장

만드는 법
1. 냄비에 간장, 맛술, 설탕, 다시마 1장(15cm×15cm 크기)을 넣고 하루를 묵힌다.
2. 최대한 약불로 위 재료를 끓인다. 끓기 시작할 때 냄비가 넘치지 않도록 주의한다.
3. 5분간 더 약불로 끓인 다음 불을 끄고 완전히 식으면 다시마를 건져낸다.

특징 여러 종류의 육수에 희석해서 메밀국수나 덴다시, 덮밥다시 등으로 사용한다.

활용 메뉴 소바 / 덴푸라 등

보관법 및 기간 상하는 경우가 거의 없다. 단지에 담아 그늘진 서늘한 곳에 보관한다. 가끔 곰팡이가 생기는 경우가 있는데 이때 곰팡이를 살짝 걷어내고 사용해도 된다.

미소드레싱

일본 백된장(히로미소) 500g, 식초 250ml, 설탕 250g, 맛술 45ml, 마늘 15g, 생강 25g, 참기름 1/2tsp, 깨 2tsp

만드는 법
1. 마늘, 생강을 잘게 썰어 식초, 설탕과 함께 믹서에 곱게 간다.
2. 믹싱볼에 일본백된장(히로미소), 맛술, 참기름, 깨를 넣고 1과 함께 잘 섞는다.

특징 샐러드드레싱, 야채나 해산물 무침에 사용한다.

활용 메뉴 미소드레싱의 치킨샐러드 / 메로 유비키 샐러드

보관법 및 기간 냉장고에서 보관하면 2개월까지 사용가능하다. 그렇지만 오래되면 된장의 색이 짙게 변할 수 있다.

미소라멘쯔유

데리야키소스(p.315 참조) 30ml, 백된장 100g, 피너츠버터 100g, 쿠로마유 50g, 사골육수 50ml

만드는 법
재료를 모두 냄비에 넣고 덩어리가 없어질 때까지 저으면서 끓인다.

특징 닭육수, 돼지뼈육수에 희석해 사용한다.

활용 메뉴 돈꼬츠 미소라멘

보관법 및 기간 냉장보관하면 1개월까지 사용할 수 있다.

미소스케소스

아와세미소 300g, 맛술 90ml, 진간장 20ml, 설탕 80g, 땅콩버터 2tsp

만드는 법
1. 분량의 아와세미소, 맛술, 진간장, 설탕, 땅콩버터를 넣고 잘 섞는다.
2. 생선을 재울 때는 다시마를 잘게 오려서 가쓰오부시와 함께 섞는다. 그리고 육류를 재울 때는 생강과 마늘을 얇게 썰어 섞는다.

특징 병어, 메로, 은대구, 항정살, 목살 등 구이용 절임 된장소스.
활용 메뉴 메로 된장구이
보관법 및 기간 냉장고에 넣어두면 1개월 이내에 사용 가능하다. 한 번 사용한 소스는 두 번 정도 재활용해서 사용 가능하다.

바비큐소스

버터 25g, 양파 600g, 할라피뇨(멕시코고추) 100g, 마늘 25g, 치킨스톡 2000ml, 토마토페이스트 600g, 식용유 50ml, 칠리파우더 50g, 식초 300ml, 사과주스 150ml, 우스터소스 600ml, 황설탕 300g, 생크림 100ml

만드는 법
1. 양파, 할라피뇨, 마늘을 거칠게 다져 버터를 넣고 볶는다.
2. 토마토페이스트는 식용유 50ml를 넣고 코팅된 팬에 타지 않게 잘 볶는다.
3. 큰 냄비에 1과 2 그리고 치킨스톡, 칠리파우더, 식초, 사과주스, 우스터소스, 황설탕, 생크림을 넣고 중불에 30분간 끓인다.

특징 재료에 바르며 굽는 바비큐소스.
활용 메뉴 바비큐 립
보관법 및 기간 냉장보관 할 경우 1개월 간 사용가능하다.

발사믹돈가스소스

데미그라스 600g, 데리야키소스 200ml, 발사믹비네거 100ml, 청주 2Tbs, 설탕 15g

만드는 법
위의 재료를 모두 냄비에 넣고 약불로 끓인다. 끓으면 불을 최대한 줄여 10분 정도 더 끓이고 식힌다.

특징 갈릭 돈가스에 사워갈릭소스와 함께 사용한다. 함박스테이크소스로도 좋다.
활용 메뉴 갈릭 돈가스 / 바비큐 립
보관법 및 기간 냉장고에서 3개월 보관 가능하다.

발사믹드레싱

올리브오일(엑스트라버진) 20ml, 발사믹비네거 20ml, 데리야키소스(p.315 참조) 10ml, 마늘 2쪽

만드는 법
1. 마늘을 강판에 곱게 간다.
2. 믹싱볼에 올리브오일, 발사믹비네거, 데리야키소스를 모두 붓고 거품기로 잘 섞는다. 그리고 1의 간 마늘도 섞는다.

특징 루콜라 같은 쓴 맛이 조금 있는 야채의 드레싱으로 사용하면 좋다.
활용 메뉴 광어카르파초와 루콜라 / 주꾸미 가라아게 / 모차렐라치즈와 토마토 샐러드 / 대구 술찜 / 치즈 도후
보관법 및 기간 2개월까지 보관 가능하며 사용할 때 분리된 오일을 잘 섞어 사용한다.

발사믹리덕션

발사믹비네거 1000ml, 꿀 100ml

만드는 법
1. 발사믹비네거 1000ml를 냄비에 넣고 300ml가 될 때까지 졸인다.
2. 졸인 발사믹비네거에 꿀을 넣고 다시 300ml가 될 때까지 졸인다.

특징 육류나 생선요리에 뿌리면 좀더 풍부하고 진득한 맛을 낸다.
활용 메뉴 주꾸미 가라아게 / 비프 소이 샐러드 / 대구 술찜 / 치즈 도후 / 푸아그라 샌드위치 / 크림 쉬림프 / 가리비 버터 구이
보관법 및 기간 장기간 보관해도 쉽게 상하지 않는다. 상온보관해도 좋다.

블루치즈드레싱

마요네즈 100g, 사워크림 100ml, 레몬 1개(juice), 타바스코 1tsp, 고르곤졸라치즈 185g, 소금 1tsp, 후추 1/4tsp

만드는 법
1. 고르곤졸라치즈를 전자레인지에 20초간 돌려 말랑하게 만든다.
2. 믹싱볼에 마요네즈, 사워크림, 녹인 고르곤졸라치즈, 타바스코와 레몬 1개 분량의 즙, 소금, 후추를 넣고 섞는다.

특징 신선한 레터스 계열의 야채에 곁들이는 드레싱 또는 깔끔한 맛의 요리에 곁들이는 소스로 좋다.
활용 메뉴 애비신죠 / 로메인레터스와 블루치즈드레싱
보관법 및 기간 만들고 3일 안에 먹는 것이 좋다. 오래되면 블루치즈의 맛이 너무 강하기 때문이다.

사워갈릭소스

마요네즈 400g, 사워크림 300g, 마늘 4~5쪽, 기꼬망간장 1tsp

만드는 법
마늘을 강판에 곱게 갈아 믹싱볼에 넣고 마요네즈와 사워크림, 기꼬망간장을 넣고 믹싱한다.

특징 맛이 밋밋한 주재료를 튀겼을 때 자칫하면 기름의 맛이 너무 두드러져 느끼한 음식이 되는데, 사워갈릭소스는 돈가스나 스테이크에 소량씩 뿌려 사용하면 튀긴 음식을 개운하게 먹을 수 있다.
활용 메뉴 갈릭 돈가스
보관법 및 기간 완성 후 5일 정도 사용가능하며 냉장보관한다.

삼바이스

가쓰오다시물 700ml, 진간장 250ml, 식초 250ml, 설탕 80g

만드는 법
1. 물 1.5리터에 15cm 정사각형 다시마를 넣고 약불로 끓인다.
2. 물이 끓으면 불을 끄고 다시마를 건져내고 가쓰오부시 1/2컵을 넣고 식힌다.
3. 25분이 지나고 가쓰오부시가 바닥에 가라앉으면 맑은 윗물만 700ml를 떠서 사용한다.
4. 냄비에 가쓰오다시, 진간장, 식초, 설탕을 넣고 중불로 끓인다. 끓기 시작하면 바로 불을 끄고 식힌다.

특징 튀김(가라아게)을 찍어 먹는 소스로 활용한다.
활용 메뉴 복어 가라아게
보관법 및 기간 냉장보관하면 보름까지 사용할 수 있다.

소이발사믹소스

발사믹비네거 250ml, 치킨스톡 300ml, 진간장 50ml, 설탕 50g, 맛술 50ml, 생강 1쪽, 전분 2Tbs

만드는 법
1. 발사믹비네거를 냄비에 넣고 160ml가 될 때까지 졸인다.
2. 1의 냄비에 치킨스톡과 진간장, 설탕, 맛술, 생강 1쪽을 얇게 썰어 넣고 끓인다. 끓으면 불을 약하게 줄이고 10분간 졸인다.
3. 전분을 물과 1:1 비율로 섞어 물전분을 만들어 준비하고, 2의 냄비의 불을 끄고 전분을 조금씩 넣어가며 빨리 저어 걸쭉하게 만든다.(반드시 불을 끄고 전분을 넣는다.)
특징 구운 육류의 씹는 맛과 잘 어울리는 스테이크소스.
활용 메뉴 갈릭 스테이크 / 안심과 거위간 네기스테이크 등
보관법 및 기간 냉장상태로 1개월간 보관 가능하다.

시소드레싱

시소 60장, 엔초비 8조각, 케이퍼 2tsp, 올리브오일 120ml, 식용유 120ml, 레몬주스 60ml, 사과식초 60ml, 기꼬망간장 120ml, 마늘 15g, 설탕 2tsp

만드는 법
재료를 모두 한데 섞어 믹서에 간다.
특징 시소의 향이 좋으며, 엔초비와 케이퍼가 사용된 소스이기 때문에 비린 맛이 있는 생선회 요리나 생선과 채소를 같이 곁들인 요리에 좋다.
활용 메뉴 도미카르파초와 시소드레싱
보관법 및 기간 이틀 정도 냉장고에 보관 가능하다. 더 오래되면 색이 누렇게 변색되어 식감이 떨어진다.

시저드레싱

계란노른자 1개, 올리브오일 500ml, 레드와인비네거 100ml, 발사믹비네거 1tsp, 파마산치즈가루 50g, 엔쵸비 100g, 양파 100g, 다진 마늘 1tsp, 소금과 후추 약간

만드는 법
1. 양파와 엔쵸비는 각각 거칠게 다진다.
2. 계란노른자 1개를 믹싱볼에 넣고 올리브오일을 조금씩 넣으면서 거품기로 젓는다. 이런 방법으로 올리브오일 500ml를 모두 마요네즈로 만든다.
3. 2의 마요네즈에 1의 양파와 엔쵸비를 넣고 레드와인비네거, 발사믹비네거, 파마산치즈가루, 다진 마늘, 소금, 후추를 넣고 고루 섞는다.
특징 최고의 샐러드드레싱으로 신선한 야채에 잘 어울린다.
활용 메뉴 시저튜나샐러드
보관법 및 기간 냉장상태로 1개월 동안 보관한다. 오래되면 상하지 않더라도 엔쵸비의 향이 너무 강하게 변한다.

아마스

물 110ml, 식초 55ml, 설탕 40g, 소금 1tsp

만드는 법
1. 분량의 물, 식초, 설탕, 소금을 모두 냄비에 넣고 중불에 올린다.
2. 소스가 끓기 시작하면 바로 불을 끈다.
특징 양파나 쑥갓 등 야채 절임에 사용한다.
활용 메뉴 메로와 순무 간장 조림 / 바비큐 립
보관법 및 기간 상하는 경우가 거의 없다.

아보카도무스

아보카도 1개, 마요네즈 1tsp, 마스카포네치즈 90g

만드는 법
1. 덜 익은 아보카도를 찜통 또는 전자레인지에서 완전히 익힌다.(아보카도무스는 전자렌지나 찜통에 아보카도를 익혀서 만든다. 만약 상온에서 자연적으로 익은 아보카도를 사용할 경우, 이틀이 경과되면 색이 검게 변하게 된다.)
2. 아보카도의 껍질과 씨를 제거하고 믹싱볼에 담고 으깬다.
3. 마요네즈와 마스카포네치즈를 믹싱볼에 넣고 으깬 아보카도와 함께 섞은 다음 거친 체에 강제로 걸러 내린다.
4. 아보카도무스를 짤주머니에 담아 사용한다.
특징 빵이나 토르티야에 바르거나 부드러운 생선요리에 곁들여 먹으면 한층 풍부한 맛을 느낄 수 있다.
활용 메뉴 참치타다키와 아보카도무스
보관법 및 기간 냉장보관하면 일주일 정도 사용할 수 있다.

아쿠아소스

데리야키소스(p.315 참조) 100ml, 식초 150ml, 진하게 뽑은 가쓰오다시물 300ml, 유자청 60g, 카놀라오일 130ml, 버터 120g, 크러시드칠리 1Tbs, 간 마늘 2Tbs

만드는 법
1. 물 1리터에 다시마 15cm×15cm를 넣고 약불로 끓인다. 끓으면 다시마를 건져내고 가쓰오부시 1컵을 넣고 불을 끈다. 20분간 식힌 다음 체에 걸러 가쓰오다시물을 만든다.
2. 상온에 보관한 버터를 냄비에 넣고 카놀라오일과 크러시드칠리, 간 마늘을 넣고 약불로 끓인다. 끓으면 불을 끈다.
3. 믹싱볼에 데리야키소스, 식초, 1의 가쓰오다시물, 유자청을 넣고 섞다가, 2를 넣고 다시 섞는다.
특징 새콤한 유자향의 부드러운 샐러드드레싱.
활용 메뉴 아쿠아 돈가스 / 아쿠아코드
보관법 및 기간 냉장고에서 2~3개월 보관 가능하다.

야끼니꾸타래

진간장 450ml, 청주 150ml, 설탕 50g, 식초 220ml, 생강 30g, 마늘 30g, 참기름 100ml, 깨 10Tbs, 실파 20뿌리, 대파 2뿌리

만드는 법
1. 마늘과 생강은 강판에 곱게 갈아 믹싱볼에 넣는다.
2. 실파는 잘게 썰고 대파는 원형모양으로 얇게 썰어 믹싱볼에 넣는다.
3. 위의 믹싱볼에 간장, 청주, 설탕, 참기름, 식초를 넣고 거품기로 잘 섞는다.
4. 깨를 손으로 으깨어 넣는다.
특징 고기와 부산물을 버무려 굽거나 레몬을 첨가해 구운 고기를 찍어 먹는 소스로 사용한다.
활용 메뉴 이시야키 스테이크
보관법 및 기간 밀폐용기에 담아 냉장보관하면 일주일 동안 사용할 수 있다.

얌드레싱

피시소스 70ml, 레몬주스 280ml, 태국고추 10g, 마늘 40g, 올리브오일 70ml, 칠리페이스트 90g, 코코넛크림 300g, 양파 50g, 고추기름 30ml, 풋고추 50g, 홍고추 60g, 고수줄기와 뿌리 30g

만드는 법
1. 풋고추, 홍고추, 고수 줄기와 뿌리를 제외한 9가지 재료를 모두 섞어 믹서에 곱게 간다.
2. 풋고추와 홍고추는 3mm 크기로 다지고 고수줄기와 뿌리는 곱게(1mm 크기) 다진다.
3. 1과 2를 섞는다.
특징 태국의 무침용 양념 드레싱
활용 메뉴 타이스타일의 해산물 샐러드
보관법 및 기간 밀폐용기에 담아 냉장고에서 한 달까지 보관 가능하다.

애플드레싱

사과 120g, 마요네즈 30g, 설탕 2tsp, 마늘 1쪽, 식초 2tsp

만드는 법
1. 사과는 껍질을 벗기고 강판에 곱게 갈아 120g을 준비하고 마늘도 강판에 곱게 간다.
2. 믹싱볼에 위 1과 마요네즈, 설탕, 식초를 모두 담고 거품기로 잘 섞는다.

특징 연어가 토핑된 캘리포니아 롤, 또는 연어초밥에 얇게 썬 양파와 곁들여 사용한다.
활용 메뉴 알래스카 롤
보관법 및 기간 냉장보관하면 2개월까지 사용가능하다.

영소스

마요네즈 200g, 머스터드 80g, 타바스코 20g, 설탕 25g

만드는 법
1. 마요네즈, 머스터드, 타바스코, 설탕을 믹싱볼에 모두 섞는다.
2. 튜브에 담아 사용한다.

특징 캘리포니아 롤에 사용되는 매콤하고 부드러운 맛의 소스.
활용 메뉴 튜나 타르타르 / 문어 스프링 롤 / 포테이토 롤 / 스네이크 롤 / 볼케이노 롤 등
보관법 및 기간 냉장고에 2개월 정도 보관 가능하다.

에그비네거소스

계란노른자 2개, 식초 1/2Tbs, 머스터드 1/2Tbs, 레몬주스 3Tbs, 올리브오일 150ml, 소금, 후추

만드는 법
1. 계란노른자, 식초, 머스터드, 레몬주스, 올리브오일, 소금을 잘 섞는다.
2. 후추는 페퍼밀로 갈아서 넉넉하게 넣는다.
3. 잘 저어서 병에 담는다.

특징 야채드레싱에 적절하며 상큼하고 부드러운 소스.
활용 메뉴 메로 유비키 샐러드 / 옥도미 갈릭버터 구이 / 참치타다키와 아보카도 무스 / 튜나 타르타르 / 갈릭 스테이크 / 치킨 데리야키 등
보관법 및 기간 냉장고에서 5일간 보관 가능하며 계란층과 오일층이 분리되기 때문에 사용 전 반드시 흔들어 사용한다.

오리엔탈드레싱

양파 100g, 홍고추 25g, 고수줄기 25g, 올리브오일 1tsp, 데리야키소스(p.315 참조) 2Tbs, 치킨스톡 25ml, 레몬주스 1tsp, 참기름 1/4tsp, 소금, 후추 약간씩

만드는 법
1. 양파, 홍고추, 고수줄기를 2~3mm 크기의 사각형 모양으로 잘게 썬다.
2. 믹싱볼에 올리브오일, 데리야키소스, 치킨스톡, 레몬주스, 참기름, 소금, 후추를 넣고 잘 섞은 다음 위 1을 넣고 섞는다.

특징 스프링롤이나 구이, 찜 등 단순한 맛의 요리에 곁들이면 좋다.
활용 메뉴 연어타다키와 타라곤흑초드레싱
보관법 및 기간 냉장보관해야 하며 오래되면 야채가 무르기 때문에 하루이틀 내 소비하는 것이 좋다.

오코노미야키소스

토마토케첩 1kg, 우스터소스 200ml, 청주 300ml, 데미그라스 350g, 설탕 150g, 대파 2뿌리, 양파 200g, 생강 10g, 마늘 20g, 통후추 10g, 월계수잎 2장

만드는 법
1. 대파는 길게 반을 쪼개고 양파는 납작하게 썰어 오븐에 굽는다.
2. 생강, 마늘은 얇게 저민다.
3. 큰 냄비에 토마토케첩, 우스터소스, 청주, 데미그라스, 통후추, 월계수잎, 설탕, 1과 2를 모두 섞고 저으면서 끓인다.
4. 2시간 동안 끓이고 완전히 식으면 체에 걸러 보관한다.

특징 돈가스소스, 오코노미야키, 볶음누들소스 등에 범용으로 사용한다.
활용 메뉴 오코노미야키
보관법 및 기간 2~3개월 냉장보관해도 좋다.

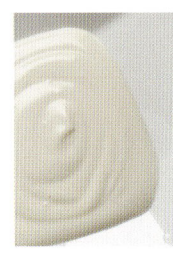

요거네즈

마요네즈 100g, 플레인요거트 100g, 설탕 10g

만드는 법
마요네즈와 플레인요거트, 설탕을 모두 믹싱볼에 담고 섞는다.

특징 샐러드드레싱, 캘리포니아 롤에 사용하는 달콤하면서 깔끔한 맛의 소스.
활용 메뉴 튜나 타르타르 / 빅보스 롤 / 샤이니 데이 롤 / 그린 필드 롤 / 알래스카 롤 / 소프트셀 롤 / 블루 마운틴 롤 / 골든 벨 롤
보관법 및 기간 냉장고에서 1개월까지 보관하며 사용할 수 있다.

와사비소야드레싱

무 120g, 배 150g, 진간장 2tsp, 설탕 1tsp, 마요네즈 100g, 와사비분말 2Tbs, 참기름 2tsp

만드는 법
1. 무와 배는 껍질을 벗기고 강판에 곱게 간다.(육즙을 버리지 않는다.)
2. 와사비분말 2Tbs을 찬물에 갠다.
3. 믹싱볼에 진간장, 설탕, 마요네즈, 참기름과 1번의 무와 배, 2번의 와사비를 모두 넣고 믹싱한다.

특징 생선회와 야채 또는 생선회를 다른 요리에 곁들여 사용했을 때 이질감을 없애주는 드레싱이다.
활용 메뉴 광어카르파초와 루콜라 / 시저 튜나 샐러드 / 낙지 와사비 등
보관법 및 기간 완성 후 냉장고에서 5일간 보존 가능하며 사용 전에 잘 흔들어 사용한다.

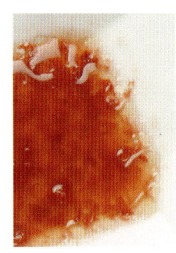

우메보시드레싱

우메보시과육 50g, 식초 70ml, 물 70ml, 설탕 30g, 생강 1쪽, 올리브오일 80ml

만드는 법
1. 우메보시(매실장아찌)는 씨를 빼고 과육을 잘게 다져 50g을 만든다.
2. 생강을 고운 강판에 간다.
3. 믹싱볼에 1의 과육, 식초, 물, 설탕, 올리브오일, 간 생강 1tsp을 넣고 거품기로 잘 섞는다.

특징 달콤하거나 매콤한 맛의 요리에 곁들이는 샐러드에 사용한다.
활용 메뉴 우메보시드레싱의 주꾸미 샐러드 / 문어 스프링 롤 / 가리비 버터 구이
보관법 및 기간 냉장보관하면 열흘 동안 사용할 수 있으며 사용할 때마다 잘 섞어서 사용한다.

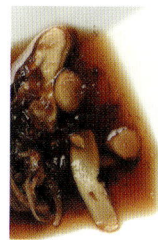

유안스케소스

진간장 400ml, 맛술 400ml, 물 200ml, 청주 100ml, 설탕 180g, 가쓰오부시 1/2컵, 레몬 1/2개, 생강 30g

만드는 법
1. 용기에 진간장, 맛술, 물, 청주, 설탕을 넣고 설탕이 녹을 때까지 잘 섞는다.
2. 생강은 얇게 썰어 넣는다. 레몬 1/2을 껍질까지 넣고, 가쓰오부시를 넣은 다음 상온에서 하루를 보관한다.
3. 생선을 재울 때 사용한다.

특징 메로, 은대구 등 부드러운 흰 살 생선에 사용한다.
활용 메뉴 메로 된장구이 / 메로 간장구이 등
보관법 및 기간 냉장고에서 보름 동안 보관 가능하며 한 번 사용한 소스는 두 번 정도 재활용해서 사용할 수 있다.

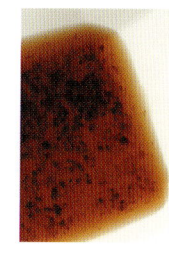

유자폰즈

식초 100ml, 간장 100ml, 가쓰오다시물 100ml, 맛술 2tsp, 유자 1개

만드는 법
1. 물 1리터에 10cm 크기의 정사각형 다시마를 넣고 끓인다.
2. 물이 끓으면 다시마를 건지고 불을 끈다. 그리고 가쓰오부시 1/3컵을 넣고 식혀 체에 거른다.
3. 유자 1개의 껍질을 고운 강판에 간다.
4. 믹싱볼에 식초, 진간장, 2의 가쓰오다시물, 맛술, 3의 유자껍질을 넣고 섞는다.

특징 지리, 샤브샤브의 소스부터 생선회, 송이구이를 찍어먹는 소스, 무침소스 등 많이 사용되는 일식 기본 소스 중 하나.
활용 메뉴 쇠고기 타다키 / 굴튀김과 무 샐러드 / 아귀간찜과 유자폰즈 / 이시야키 스테이크 / 복어 가라아게
보관법 및 기간 냉장보관하며 상하는 경우가 거의 없다.

적된장소스

적된장 3Tbs, 다진 대파 1tsp, 다진 양파 2tsp, 쇠고기 다짐육 50g, 맛술 2tsp, 물 50ml, 생강 10g, 설탕 1tsp

만드는 방법
1. 대파와 양파는 거칠게 다진다.(2mm 크기)
2. 생강은 강판에 간다.
3. 적된장, 쇠고기 다짐육, 맛술, 물, 설탕과 1과 2를 모두 냄비에 넣고 끓인다. 끓이는 동안 냄비 바닥에 눋지 않도록 계속 젓는다.

특징 풍부한 맛을 내는 튀김 위에 조금씩 올리거나 데친 야채 또는 튀긴 야채 위에 올려 주면 좋다.
활용 메뉴 장어가지롤
보관법 및 기간 일주일 정도 냉장고에 보관가능하다.

초고추장

고추장 1kg, 식초 380ml, 설탕 110g, 물엿 140g, 사이다 100ml, 다진 마늘 120g, 다진 생강즙 60ml, 통깨 1tsp, 참기름 1tsp

만드는 법
1. 통깨를 제외한 모든 재료를 믹싱볼에 넣고 섞어 만든다.
2. 통깨는 절구에 거칠게 갈아 섞는다.
3. 밀폐용기에 담아 상온에 5일간 두고 숙성시킨 다음 사용한다.

특징 회덮밥, 회무침 등 회에 사용하는 새콤한 고추장. (비빔국수용 아님.)
활용 메뉴 복 껍질 무침
보관법 및 기간 6개월까지 장기간 보존 가능하며 처음 사용할 때는 제조 후 약 7일 이상 상온에서 숙성 공정이 필요하다.

초밥초

현미식초 550ml, 설탕 400g, 소금 110g, 다시마 1잎, 레몬 1/2개, 청주 50ml

만드는 법
1. 냄비에 30cm 크기의 다시마와 현미식초, 설탕, 소금, 청주 그리고 레몬 1/2개를 짜 넣고 24시간을 보관한다.
2. 냄비를 약한 불 위에 올리고 나무주걱으로 젓다가 끓으면 바로 불을 끈다.
3. 다시마와 레몬찌꺼기 등 부유물을 건진다.

특징 초밥을 만들 때 밥에 양념하는 기본적인 소스.
활용 메뉴 스시 / 캘리포니아 롤
보관법 및 기간 장기간 보관 가능하며 상온에 보관해도 된다.

칠리새우소스

토마토케첩 600g, 굴소스 2tsp, 설탕 250g, 치킨스톡 200ml, 마늘 50g, 생강 20g, 대파 60g, 식초 120ml

만드는 법
1. 마늘, 생강, 대파를 거칠게 다진다.
2. 위 1의 야채를 소량의 버터를 넣고 볶는다. 그리고 토마토케첩, 굴소스, 설탕, 치킨스톡을 넣고 주걱으로 저으며 끓인다.
3. 끓기 시작하면 약불로 10분간 더 끓인 다음 식초를 붓고 불을 끈다.

특징 새콤달콤한 칠리새우소스.
활용 메뉴 칠리새우
보관법 및 기간 냉장보관하면 일주일 정도 사용할 수 있다.

케이퍼드레싱

케이퍼 1tsp, 올리브오일 2tsp, 레몬제스트 1tsp, 크러시드페퍼 1tsp, 소금 약간

만드는 법
1. 대접에 올리브오일과 소금을 담고 케이퍼는 국물은 버리고 알갱이만 넣는다.
2. 레몬은 껍질을 얇게 벗기고 제스트를 만들어 넣는다.
3. 크러시드페퍼(후추)는 절구에 찧어 거칠게 부숴 넣고 마지막으로 잘 혼합한다.

특징 훈제연어와 함께 사용하면 좋다.
활용 메뉴 문어 포도씨오일 유비키
보관법 및 기간 냉장보관하면 보름 정도 사용할 수 있으며 냉장보관시에 올리브오일이 굳는 현상이 나타나므로 사용 전에 상온에 옮겨 둔다.

타라곤흑초드레싱

올리브오일(엑스트라버진) 180ml, 현미흑초 80ml, 드라이타라곤 1.5Tbs, 디종머스터드 1/2Tbs, 마늘 2쪽, 고르곤졸라치즈 80g

만드는 법
1. 고르곤졸라치즈를 전자레인지에 넣고 간편조리로 말랑하게 녹인다.
2. 마늘은 강판에 곱게 간다.
3. 믹싱볼에 1과 2를 넣고 나머지 재료를 모두 넣은 다음 거품기로 잘 섞는다.

특징 가벼운 흑초의 맛과 깊은 고르곤졸라치즈의 맛이 잘 어우러지는 드레싱으로 단조로운 맛의 샐러드에 사용하면 좋다.
활용 메뉴 연어타다키와 타라곤흑초드레싱
보관법 및 기간 만들고 3일간 사용가능하며 오래되면 고르곤졸라치즈의 맛이 강해져 맛의 균형이 떨어진다.

포트와인소스

포트와인 1000ml, 양파 50g, 버터 20g, 소금 1/4tsp, 후추 소량

만드는 법
1. 양파를 5mm 크기의 사각형으로 자른다.
2. 포트와인 1000ml를 냄비에 붓고 1의 양파를 넣어 300ml가 될 때까지 졸인다.
3. 버터와 소금, 후추를 넣고 약한 불로 3분간 더 끓인다.

특징 담백한 맛의 요리 또는 크림소스에 버무리는 요리와 잘 어울린다.
활용 메뉴 포트와인소스의 스위트크랩
보관법 및 기간 냉장보관할 경우 1개월 간 사용가능하다.

피클소스

물 1000ml, 설탕 300g, 소금 2tsp, 식초 360ml, 피클링스파이스 2tsp

만드는 법
1. 냄비에 물, 설탕, 소금, 식초와 소창으로 만든 깨끗한 주머니에 담은 피클링스파이스를 넣고 불에 올린 다음 끓으면 바로 불을 끄고 야채통에 붓는다.
2. 하루가 지나면 피클링스파이스를 담은 주머니를 건져내고 병입한다.

피클 만드는 법
무 1/2개, 오이 3개, 당근 1개, 양파 1개를 깍둑썰기하여 씻은 다음 통에 담고 피클소스를 끓여 야채가 담겨 있는 통에 붓는다. 그리고 무거운 것으로 눌러 놓는다. 2일이 지나면 맛있는 피클이 된다.

특징 아삭아삭한 피클을 만들 수 있는 소스.
활용 메뉴 차슈무침 등
보관법 및 기간 잘 병입해서 밀봉 후 냉장고에서 보관하면 3개월까지 향이 살아 있는 소스를 사용할 수 있다.

허니진저드레싱

식초 90ml, 설탕 50g, 양파 40g, 겨자분 30g, 마요네즈 800g, 오렌지원액 300ml, 소금 소량, 후추 소량

만드는 법
1. 겨자분말은 뜨거운 물에 개어 숙성시킨다.
2. 양파, 식초, 설탕을 믹서에 갈아 준비한다.
3. 믹싱볼에 1과 2, 마요네즈, 냉동오렌지원액, 소금, 후추를 넣고 모두 넣고 거품기로 섞는다.

특징 달콤하고 상큼한 야채드레싱.
활용 메뉴 크림 쉬림프 / 갈릭 돈가스 / 만다린 치킨
보관법 및 기간 냉장보관하면 2개월 이상 사용가능하다.

홀스래디시와인소스

토마토케첩 150g, 타바스코 10g, 홀스래디시 30g, 양파 100g, 화이트와인 100ml

만드는 법
1. 양파를 2~3mm 크기로 거칠게 다진다.
2. 다진 양파와 토마토케첩, 타바스코, 홀스래디시, 화이트와인을 믹싱볼에 담고 섞는다.

특징 비린 맛이 쉽게 날 수 있는 어패류 등을 날로 먹을 때 조금씩 얹어 먹는 소스로 활용하면 좋다.
활용 메뉴 석화와 홀스래디쉬 와인소스
보관법 및 기간 냉장보관하면 1개월까지 사용할 수 있다.

epilogue

참 많은 시간, 먼 길을 돌아왔다.

주방에서 냄비 닦고 청소하는 일부터 시작해 지금까지 많은 것을 배웠고 많은 사람을 만났다.

그러나 그 길은 정통일식이 아니라는 이유로 결코 순탄하지만은 않았다.

오직 새로운 요리를 창작하겠다는 즐거움과 열정으로 내 자리에서 나만의 요리를 만들었고,

그렇게 나는 주방에서 잔뼈가 굵었다. 주방은 나에게 무대였으며

그곳에서 만들어지는 요리는 관객에게 나를 정직하게 보여줄 수 있는 몸짓이었다.

나만의 요리를 찾아 돌고 도는 동안 나는 결국 새로운 길을 만들어낸 것이다.

Grand chef 유 희 영

특급 셰프 유희영의 COOK BOOK
© 유희영 2008

1판1쇄   2008년 7월 21일
1판7쇄   2019년 2월 28일

지은이   유희영
펴낸이   김정순
책임편집   심선영
디자인   김리영 모희정 이현정
마케팅   전선경 김보미 임정진

펴낸곳   (주)북하우스 퍼블리셔스
출판등록   1997년 9월 23일 제406-2003-055호
주소   04043 서울시 마포구 양화로 12길 16-9(서교동 북앤빌딩)
전자우편   editor@bookhouse.co.kr
홈페이지   www.bookhouse.co.kr
전화번호   02-3144-3123
팩스   02-3144-3121

ISBN   978-89-5605-277-9 13590

이 도서의 국립중앙도서관 출판시도서목록(CIP)은 서지정보유통지원시스템 홈페이지(http://seoji.nl.go.kr)와
국가자료공동목록시스템(http://www.nl.go.kr/kolisnet)에서 이용하실 수 있습니다.(CIP제어번호 : CIP2008002037)